IMPRESSUM

Erschienen im Eigenverlag:
Antje Lex
Neuer Weg 37a
65552 Limburg

1. Auflage 2014
Copyright © Antje Lex 2014

Foto-Copyright:
Titelfoto: © Dron - Fotolia.com
© Claudia Paulussen - Fotolia.com
© Almgren - Fotolia.com
© photophonie - Fotolia.com
© Miredi - Fotolia.com
© pressmaster - Fotolia.com
© michaeljung - Fotolia.com
© Tommy Windecker - Fotolia.com
© udra11 - Fotolia.com
© Igor Yaruta - Fotolia.com
© Stefan Körber - Fotolia.com
© Serhiy Kobyakov - Fotolia.com
© Helmut - Fotolia.com
© Cello Armstrong - Fotolia.com

Gestaltung: Pedro Kraft // Mediengestaltung
www.pedrokraft.de

Lektorat: Richard Grohganz

„PerLe - Persönlichkeit erleben Lernen" ist eine eingetragene Wortmarke
(Deutsches Patent- und Markenamt, 04.08.2009)

ISBN-978-3-00-045463-9

Inhalt

Vorwort 13

PerLe-Methode 15

PerLe-Ordnersystem 16

I. ORDNER: DAS UMFELD 20
1. Schritt
    Informationen sammeln 21
        Lage und soziales Umfeld 22
        Expertenliste 23
        Wer sind die Experten? 23
        Expertenliste anlgen 24
        Zielorte außerhalb der Institution 25
        Elternfragebogen / Expertensuche 27

II. ORDNER: DAS POTENZIAL DER GRUPPE 30
2. Schritt
    Potenzial der Gruppe 31
        Elterngespräche 32
        Auswertung der Elterngespräche 35
        Fragebogen für Kinder 38
        Auswertung zum Fragebogen für Kinder 40
        Fragebogen für Begleiter 41
        Auswertung zum Fragebogen für Begleiter 43
        Erstellen Sie ein Soziogramm 44
        Ein Soziogramm zeichnen 45
        Tabelle Bezugspersonen 46
        Situationsanalyse Soziogramm 48
        Rahmenbedingungen 49

PerLe-Projekte 53
Allgemeine Ziele der Projektarbeit 54

III. ORDNER: AKTUELLE INTERESSEN, WÜNSCHE UND BEDÜRFNISSE ... 57
3. Schritt
    Beobachtungen über mehrere Wochen 59
        Tür- und Angelgespräche 60

IV. ORDNER: BEOBACHTUNGEN WÄHREND DES FREISPIELS ... 61

Beobachtung ... 62
Selbstbeobachtung ... 62
1. Übungsbogen „Offene Fragen" ... 63
Ausgefüllter 1. Übungsbogen ... 64
Spiel- und Konfliktsituationen während des Freispiels ... 65

V. ORDNER: PerLe-PROJEKTE ... 68

4. Schritt
Themen finden durch Situationsanalyse ... 69
Situationsanalyse für PerLe-Projekte ... 70
Entscheiden Sie sich für ein Projektthema ... 72

5. Schritt
Projekt-Begleiter ... 74
Projekt-Begleiter-Kriterien ... 75

6. Schritt
Zeitraum ... 76
Zeit planen ... 77

7. Schritt
Grobziele ... 79
Grobziele des Projekts ... 80

8. Schritt
Projekt-Teilnehmer ... 81
Teilnehmerkriterien ... 82
Kinder, die sich freiwillig beteiligen ... 82
Kinder, die an einem Projekt teilnehmen sollen ... 83

9. Schritt

Thema bekannt geben 84
Die Großversammlung 85
Informieren Sie die Kinder 85
Sichtbar machen, wer an dem Projekt teilnehmen möchte 86
Hilfestellung für unentschlossene Kinder 88
Anwesenheitsliste 90
Interessierte und interessenlose Kinder 90

10. Schritt

Das erste Treffen 92
Intrinsische Motivation 93
Themen - Unterthemen 94
Das erste Treffen:
Erfahrungen, Wünsche und Interessen der Kinder, bezogen auf das Projektthema, ermitteln 97
Gruppenarbeit 97
Gespräch 98
Offene Fragen 99
2. Übungsbogen „Offene Fragen" 100
Ausgefüllter 2. Übungsbogen 102
„Offene Fragen" formulieren 103
Hilfestellungen für die Kinder, denen es schwer fällt, auf „Offene Fragen" zu antworten 105
Erfahrungen, Fragen, Wünsche und Ideen der Kinder notieren 107

11. Schritt

Erstes Treffen reflektieren 108
Reflexion direkt im Anschluss mit den Kindern 110
Reflexion des Projektbegleiters zeitnah am ersten Treffen 111
Welche Grob- und Feinziele verbergen sich hinter den Fragen der Kinder 111

12. Schritt

Durchführung der Aktivitäten 114
Aktivität 116
Das macht PerLe-Aktivitäten aus 123

13. Schritt

Information an die Eltern 130
Elterninformation 131
Veröffentlichen Sie keinen Wochenplan 133

14. Schritt
Dokumentation 134

Dokumentationen 135

15. Schritt
Projekt-Untergruppen 138

Großgruppe in Untergruppen teilen 139

16. Schritt
Projekt beenden 141

Wenn die Neugierde der Kinder gesättigt ist, beenden Sie das Projekt 142

Reflektieren Sie jedes Projekt 142

Schlusswort 145

Kopiervorlagen

Kopiervorlagen I. ORDNER 146

Kopiervorlagen II. ORDNER 156

Kopiervorlage III. ORDNER 164

Kopiervorlagen IV. ORDNER 166

Kopiervorlagen V. ORDNER 170

16 Schritte im Überblick

1. Schritt: Informationen sammeln
Sammeln Sie so viele Informationen wie möglich,
um das Umfeld, in dem die Kinder leben, näher kennenzulernen Seite 21

2. Schritt: Potenzial der Gruppe
Lernen Sie das Potenzial der Gruppe näher kennen Seite 31

3. Schritt: Beobachtungen über mehrere Wochen
Im Hinblick auf das Projektthema sammeln Sie Informationen und
Eindrücke, um aktuelle Wünsche, Interessen und Bedürfnisse der Kinder
und Erwachsenen aufzugreifen Seite 59

4. Schritt: Themen finden durch Situationsanalyse
Finden Sie Themen anhand Ihrer gesammelten Beobachtungen
und Informationen Seite 69

5. Schritt: Projekt-Begleiter
Entscheiden Sie, welche Person das Projekt begleiten soll Seite 74

6. Schritt: Zeitraum
Überlegen Sie in welchem Zeitraum Sie das Projekt anbieten möchten Seite 76

7. Schritt: Grobziele
Beschreiben Sie die Grobziele, die Sie durch das kommende Projekt
erreichen möchten Seite 79

8. Schritt: Projekt-Teilnehmer
Überlegen Sie, welche Kinder an dem Projekt teilnehmen können und
gegebenenfalls sollen Seite 81

9. Schritt: Thema bekannt geben

Geben Sie allen Kindern das Thema bekannt und stellen Sie fest, welche Kinder sich zurzeit für dieses Thema interessieren

Seite 84

10. Schritt: Das erste Treffen

Vor allen anderen Aktivitäten ermitteln sie Interessen, Wünsche und Erfahrungen der Kinder, die sich auf das Projektthema beziehen

Seite 92

11. Schritt: Erstes Treffen reflektieren

Reflektieren Sie das erste Treffen

Seite 108

12. Schritt: Durchführung der Aktivitäten

Führen Sie die Aktivitäten mit der PerLe-Methode unter Zuhilfenahme der Kopiervorlagen durch

Seite 114

13. Schritt: Information an die Eltern

Informieren Sie die Eltern

Seite 130

14. Schritt: Dokumentation

Dokumentieren Sie mit den Kindern den Projektverlauf

Seite 134

15. Schritt: Projekt-Untergruppen

Legen Sie – wenn nötig – Projekt-Untergruppen fest

Seite 138

16. Schritt: Projekt beenden

Beenden Sie das Projekt

Seite 141

Vorwort

Liebe Leserin, lieber Leser!

> Wie aus Worthülsen „PerLe" entstand.

Viele Kinder waren bereits begeistert von PerLe-Projekten, Eltern wunderten sich über das Engagement ihrer Kinder und Erzieherinnen fragten mich: „Wie machst du das?" oder „Ich würde auch gerne so arbeiten wie du, aber ich weiß nicht wie das geht!". In diesen Gesprächen ging es um die Durchführung von Projektarbeit.

Damals war ich davon überzeugt, nach dem Situationsorientierten Ansatz zu arbeiten. So suchte ich einen Leitfaden. Ein Buch, mit dem ich die Fragen meiner Arbeitskolleginnen beantworten konnte. Ich fand massenhaft Literatur, die jedoch für die praktische Anwendung kaum nachvollziehbar erschien.

Weiterhin begegnete ich vielen Erziehern und Erzieherinnen, die ebenfalls davon überzeugt waren nach dem Situationsorientierten Ansatz zu arbeiten.

Dazu einige Beispiele:
- *Auf die Frage: „Wie bezieht ihr die Kinder in die Planung mit ein?" erhielt ich die Antwort:„Die Kinder dürfen sich ein Thema wünschen."*

oder
- *Ein Kindergarten war geschmückt mit Schablonen gefertigten Bastelarbeiten.< Auch das hatte nichts mit individueller Persönlichkeitsförderung zu tun.*

So begann ich vor einigen Jahren selbst zu schreiben. Nicht als Autorin, sondern als eine Erzieherin, die ihre Arbeit beschrieb.

Meine Ausbildung zur staatlich anerkannten Erzieherin absolvierte ich in Boppard am Rhein. Auf einer evangelischen Fachschule, die sich heute »Janusz-Korczak-Schule« nennt. Dort wurde ich drei Jahre lang nach dem Situationsorientierten Ansatz ausgebildet.

Davor war ich Kinderpflegerin und arbeitete noch mit Rahmenplan und Wochenplan. Dabei dachte ich mir aus, welche Aktivitäten zur Jahreszeit passten.

Ich kannte also mehrere Methoden.

Schließlich verunsicherten mich die Begriffe: situativ, Situationsorientierter Ansatz und situationsorientiert. Sie waren in aller Munde, standen in Stellenanzeigen, in Konzepten, und wurden so unterschiedlich verstanden und gelebt, sodass ich beschloss dieser hier im Buch beschriebenen Methode einen eigenen Namen zu geben. Ich nannte diese Methode »PerLe«.

Erst während meiner Autorentätigkeit viel mir auf wie klein und doch so groß die Unterschiede methodisch zu erkennen sind.

> Um zwischen Projekt und PerLe-Projekt unterscheiden zu können, möchte ich die beiden mit Zucker und Salz vergleichen. Beide sehen gleich aus, nur bei genauerem hinschauen und sogar abschmecken erkennt man den doch so großen Unterschied.

So hoffe ich, dass auch Sie einen oder mehrere kleine Unterschiede finden.

Das neu entwickelte Ordnersystem entstand zufällig während des Schreibens. Anfangs wählte ich diese Form, um die Theorie praktisch verständlicher zu machen. Das Ordnersystem bezieht sich auf den Kindergarten.

PerLe-Projekte sind auch in anderen Institutionen durchführbar, beispielsweise in allen Schulen, in Vereinen, in Heim und Hort, bis hin zum Seniorenheim. Ich selbst führte PerLe-Projekte bereits im Kinderheim, Kindergarten und in einer Ferienbetreuung auf einem Reiterhof durch.

Dieses Handbuch beschreibt eine umfangreiche Situationsanalyse und beleuchtet Ihre Rahmenbedingungen. Weiterhin dient dieses Buch als Grundlage für PerLe-Projekte.
Als Leitfaden ist dieses Buch praktisch, unmissverständlich und einfach zu verstehen. Es stammt aus der Praxis und ist für die Praxis. Es beschreibt, wie Sie Ihre Arbeit und die Projektarbeit transparent machen können.

Sie finden Gedankenanstöße, mit denen Sie imstande sind, Ihre Arbeit zu reflektieren und vermeiden, dass ein Kind oder Erwachsener übersehen werden kann. Sie können dieses Buch nutzen, um Ihre bisherige Arbeit zu reflektieren, zu ergänzen oder zu ändern.

Falls Sie ein Projekt genau nach dieser Methode durchführen und jemand fragt: „Wie hast du das gemacht?" antworten Sie einfach: „Nach der PerLe - Methode" und empfehlen diesen Leitfaden. So hoffe ich, dass möglichst viele Kinder und Erwachsene PerLe-Projekte erleben dürfen.

Nun wünsche ich Ihnen viel Spaß beim Lesen
A. Lex

PerLe-Methode

PerLe steht für die bereits geprägte **Pe**rsönlichkeit, die das Umfeld aktiv **er**leben darf und für das **Le**rnen, welches individuell gefordert und gefördert wird.

PerLe = Persönlichkeit erleben Lernen

Anhand der **PerLe**-Methode können Sie Notizen über Beobachtungen, Gespräche und Informationen schriftlich festhalten und somit Ihre Arbeit transparent machen.

Nun stelle ich Ihnen das PerLe-Ordnersystem vor.

PerLe-Ordnersystem

Allgemeine Ziele des PerLe-Ordnersystems

Kurz und knapp erläutere ich im folgenden Text, welchen Zweck das Ordnersysthem erfüllen soll.

Das einzelne Kind

An erster Stelle steht das einzelne Kind. Es wird einerseits als Individuum, andererseits als Teil einer Gruppe, Familie und Gesellschaft wahrgenommen. Durch das Ordnersystem sind Sie in der Lage das Kind bewusst als solchen integrierten Menschen zu sehen. Sie entwickeln gemeinsam mit dem Kind, seinen Eltern und den Kollegen eine Art Portfolio, um das Kind als einzigartige Person wahrzunehmen.

Struktur

So viele Formulare scheinen im ersten Moment mehr Arbeit zu sein. Doch dieser Eindruck täuscht. Es ist genau so viel Arbeit wie bisher, mit dem Unterschied, dass Sie Ihre Arbeit bewusst und strukturiert dokumentieren.

Einfach und flexibel zu handhaben

Durch diese Dokumente können Sie gezielt und schnell nach Stärken einzelner Kinder, Eltern, Kollegen und Vorteilen ihres Umfeldes nachschlagen.

Überblick

Durch das Ordner-System können Sie Ihre Arbeit für sich und Andere transparent machen.
Von Vorteil ist dies sowohl für Teilzeitkräfte, als auch für Neueinsteiger durch Stellenwechsel oder Urlaubs-, Fortbildungs- bzw. Krankheitspausen.

Anhand des PerLe-Ordnersystems können Sie erkennen, welche Kinder bereits was gemacht haben, welche Interessen, Stärken, Wünsche und Bedürfnisse Sie, die Kinder und Eltern haben, welche Experten zur Verfügung stehen und vieles mehr.

PerLe-Ordnersystem

Rahmenbedingungen beleuchten

Manche Ursachen von Konflikten werden unbewusst projiziert und auf anderen Ebenen diskutiert. Die „Schuld" wird nach allen Seiten verschoben. Zum Beispiel: Die Eltern sind schuld, die Kollegen oder Sie selbst „hätten besser handeln können".

Durch das Ordnersystem können Sie Ihre Rahmenbedingungen genauestens beachten und Ihre individuellen Bedürfnisse klar formulieren.

Dadurch stellen Sie alle gegebenen Stärken fest und können weitere wünschenswerte Bedingungen klar einfordern.

Also raus aus der jammernden Opferrolle und rein in klare Forderung und Umsetzung, soweit es möglich ist.

Beginnen Sie nun für sich oder mit dem Team eine PerLe-Situationsanalyse zu erstellen.

Die dazu ausgefüllten Kopiervorlagen heften Sie in verschiedene Ordner ein.

Auf den äußeren Rand des Ordners schreiben Sie die Themenpunkte, die Sie jeweils nach der Überschrift ORDNER finden.

I. ORDNER: DAS UMFELD

- Lage und soziales Umfeld
- Expertenliste
- Zielorte außerhalb der Institution
- Elternfragebogen / Expertensuche

II. ORDNER DAS POTENZIAL DER GRUPPE

- Elterngespräche
- Fragebogen für Kinder
- Fragebogen für Begleiter
- Tabelle Bezugspersonen
- Soziogramm
- Situationsanalyse Soziogramm
- Rahmenbedingungen

III. ORDNER AKTUELLE INTERESSEN, WÜNSCHE UND BEDÜRFNISSE

- Tür- und Angelgespräche

IV. ORDNER BEOBACHTUNGEN WÄHREND DEM FREISPIEL

- 1. Übungsbogen „Offene Fragen"
- Spiel- und Konfliktsituationen während des Freispiels

V. ORDNER PerLe PROJEKTE

- Situationsanalyse für PerLe-Projekte
- Grobziele
- Anwesenheitslisten
- 2. Übungsbogen „Offene Fragen"
- Erfahrungen, Fragen, Wünsche und Ideen der Kinder
- Welche Grob- und Feinziele verbergen sich hinter den Fragen der Kinder?
- Aktivitäten
- Elterninformation

I. ORDNER: DAS UMFELD

- **Lage und soziales Umfeld**
- **Expertenliste**
- **Zielorte außerhalb der Institution**
- **Elternfragebogen / Expertensuche**

I. ORDNER: DAS UMFELD

1. Schritt:
Informationen sammeln

Sammeln Sie so viele Informationen wie möglich, um das Umfeld, in dem die Kinder leben, näher kennenzulernen.

„Man braucht ein ganzes Dorf, um ein Kind zu erziehen"

Prof. Dr. Dr. Dr. W. E. Fthenakis

Lage und soziales Umfeld

In diesem Abschnitt wird der Bezirk, indem sich die Institution befindet, die Wohnsituationen und das soziale Umfeld, in dem die Kinder leben, näher betrachtet.

> *Für zugezogene oder interessierte Eltern ist dieses Dokument nützlich, ebenso für Ihre Konzeption und für neue Mitarbeiter, die sich einen ersten Eindruck von Ihrer Institution machen möchten.*

Datum: 1. März 2013

Lage und soziales Umfeld
Beschreiben Sie in welchem Bezirk die Kinder leben.

Lage der Institution

Der Kindergarten liegt am Stadtrand der ländlich gelegenen Stadt XY mit ca. 15.000 Einwohnern.

Soziales Umfeld

Der größte Teil der Kinder, die unsere Einrichtung besuchen, leben in einem ca. 1 km entfernten Neubaugebiet; einer ruhigen Wohnsiedlung, die von Spielstraßen durchzogen ist.
Von etwa der Hälfte dieser Kinder sind beide Elternteile berufstätig.
Es gibt zwei allein erziehende Mütter.

Ein geringer Anteil der Kinder wohnt im alten Stadtkern oder in einer Wohnsiedlung mit Mehrfamilienhäusern. Diese Kinder können in der Regel nicht allein auf der Straße spielen und kommen mit einem großen Bewegungsbedürfnis in den Kindergarten.
Drei Kinder wohnen in unmittelbarer Nähe der Einrichtung.

Aus einem ca. 4 km entfernten Stadtteil kommen Kinder, die aus pädagogischen Gründen unsere Einrichtung besuchen.

Kopiervorlage siehe Seite 147

Expertenliste

> *Die Expertenliste ist besonders nützlich für die Projektarbeit mit Kindern. Dort geht es vor allem darum, möglichst schnell Menschen zu finden, die zu einem bestimmten Thema bereits mehr wissen als die Projektteilnehmer.*

Wer sind die Experten?

Ein Kind

Ein Kind kann Experte sein, wenn es bereits mehr Erfahrung in einem Bereich hat, als andere Kinder der Gruppe. Beispiele:

Ein Kind
- *ist aktives Vereinsmitglied,*
- *wohnt auf einem Bauernhof,*
- *kommt aus einer anderen Kultur...*

Auch Geschwister, Schulkinder allgemein Kinder des Kindergartens kommen als Experten in Frage.

Die Eltern / Großeltern

Die Eltern sind oft für die Kinder die greifbarsten Experten. Dies erkennen wir an den Aussagen: *„Ich muss mal meine Mama fragen, die weiß das bestimmt!"* oder *„Mein Papa hat schon einmal dies oder das gemacht."*

Wenn Eltern oder Großeltern ein Hobby haben, können diese Personen ihre Begeisterung und ihr Können den Kindern zeigen.
Eltern können Vorträge halten, Theater spielen, musizieren, an Autos basteln, mit Holz arbeiten, nähen, töpfern, kochen, vorlesen und vieles mehr. Sie können diese Personen mit Ihren Talenten als Experten in Ihre Arbeit mit einbeziehen.

Berufsbezogene Experten

Das sind die Personen, die berufsbedingt sehr über ein bestimmtes Thema informiert sind.
Sie können diese Experten durch nachfragen, nachschlagen im Telefonbuch oder über das Internet finden. Auch auf Flyern stehen oft Kontaktadressen.

Expertenliste anlegen

Anhand dieser Liste erkennen Sie, zu welchem Thema Sie welche Experten ansprechen können.

Wie folgt können Sie sich eine Expertenliste anlegen.

Expertenliste		
Finden Sie Experten aus verschiedenen Themenbereichen.		
Fachbereich	Kontakt	eingetragen:
Imker	Herr Mustermann Tel. 0000-1111	Okt. / 10
Töpfert	Frau Super Tel. 2222-3333	Jan. / 11
Geld	Herr Money / Bankangestellter Tel.:4444-5555	Jan. / 11
Literatur	Bücherei Bücherwurm Tel.:777-999	Feb. / 11
Straßenverkehr	Polizei Frau Schildmütze Tel.:3333-2222	Feb. / 11
Fußball	Tina R.... (9), Roy (5), Christiane (4), Herr Ball Trainer Tel. 888-999	März / 11
Literatur	Frau Buch Großmutter von Saskia kann vorlesen Tel.: 000-555	März / 11

Kopiervorlage siehe Seite 148

Zielorte außerhalb der Institution

Anhand der folgenden Notizen können Sie und Ihr Team Ziele außerhalb Ihrer Institution zusammenstellen und bei Bedarf gezielt darauf zurückgreifen.

Ziele für Exkursionen, Wanderungen, Spaziergänge, Besuche, Ausflüge und Freizeitgestaltung

Aktualisiert am: 1. März 2013

Zielorte außerhalb der Institution

Schreiben Sie jeweils hinter den Zielort den Experten -beziehungsweise Ansprechpartner-, den Sie kontaktieren können.

Besonderheiten, denen die Kinder täglich begegnen	Kontakt
Bahnschranke Denkmal Hühner vom Nachbarn des Kindergartens	Stellwerk Herr Zug Tel: 333999 Stadtführer Frau Wort Tel.: 111-1111 Landwirt Herr Schaaf Tel.: 2222-2222
Geschäfte, in denen Sie gemeinsam mit den Kindern Besorgungen machen können	**Kontakt**
"Tante Emma Laden" an der Ecke Supermarkt Xy Schreibwaren, Bücher, Spielzeuggeschäft	 Frau Buch Tel.: 3333-33333
Ziele für Spaziergänge	**Kontakt**
Wald Burg Gewässer	Förster Herr Baum 7777
Vereine in Ihrem Umfeld	**Kontakt**
Chor Fußball Tennis	Chorleiterin Frau Stimme Tel.: 1234 Trainer Herr Ball Tel.: 9999-9999 Tennisverein Tel.: 0000-1111
Ausflugziele in Ihrem Umfeld	**Kontakt**
Vogelpark Freizeitpark zur Sonne Burg	Tel: 66666-8888 Tel.: 7777-9999 Tel.: 5555-5555

Kopiervorlage siehe Seite 149

Elternfragebogen / Expertensuche

Anhand dieses Fragebogens können Sie weitere Experten, Ausflugsziele und Möglichkeiten für Exkursionen finden und somit Ihre „Expertenliste" und die Liste „Möglichkeiten für Exkursionen, Wanderungen und Spaziergänge" durch die Informationen der Eltern erweitern.

Um die Informationen zu aktualisieren, bitten Sie die Eltern nach einem Jahr ihre bereits ausgefüllten Briefe mit einem anders farbigen Stift zu ergänzen. Dies erspart doppelte Arbeit und macht den Eltern nebenbei die Sicht auf ihr Kind bewusst.

Es geht hierbei um freiwillige und unverbindliche Angaben der Eltern.

Datum: **1. März 2013**
Elternfragebogen
Expertensuche

Liebe Eltern!

Wir bitten Sie hiermit um unverbindliche und freiwillige Angaben.
Für unsere Arbeit mit Ihren Kindern brauchen wir gelegentlich Experten. Anhand eines Beispiels erläutern wir kurz unsere Absicht:

Angenommen die Kinder würden sich zurzeit sehr für das Thema „Körper" interessieren und wir wüssten, dass ein Vater/eine Mutter Physiotherapeut/in ist, dann könnten wir diese Person als Experten ansprechen. Oder eine Großmutter eines Kindes töpfert. Dann könnte diese Frau mit den Kindern etwas zum Thema passendes töpfern.
Wir werden alle Informationen sammeln, damit wir bei Bedarf darauf zurückgreifen können.

Wenn Sie weitere Fragen haben, wenden Sie sich bitte an:

_____

Erfahrungen / Kenntnisse

Name	Nila Nordpol
Hobbys (z.B. tanzen oder kochen helfen)	Fahrrad fahren, schwimmen
Erfahrung im Verein / in Vereinen	Tanzschule, Turnverein
Haben oder hatten Sie Haustiere? Wenn ja, welche?	Kaninchen, Hamster, Kanarienvögel
Länder-Erfahrungen (z.B. durch Reisen)	Ägypten, Italien, Bayern
Welche Ausflugsziele kennt Ihr Kind?	Zirkus, Zoo, Schokoladenfabrik, Vogelpark, Ponnyhof, Bauernhof, Märchenpark, Erlebnispark
Besondere Stärken Ihres Kindes	Sprachgewandt, selbstständig, kann gut malen,

Auszeichnungen, Preise	Seepferdchenabzeichen (Schwimmen) Fastnachtsorden
Informationen über Ihre Familie	
Hobbys der Geschwister	Bruder spielt Fußball, baut Lego-Technik
Hobbys der Mutter	stricken, schwimmen, wandern, lesen
Hobbys des Vaters	Angeln, lesen, schwimmen
Hobbys der Großeltern	Großmutter liest gerne, und Großvater baut Weihnachtskrippen aus Holz und angelt.
Wo könnten die Kinder mit Ihnen oder einem Bekannten einmal hinter die Kulissen schauen?	In den Angelsportverein. In Opas Werkstatt.
Ansprechpartner/in Name und Telefonnummer	Herr Nordpol (Vater) 444333-555666 Herr Nordpol (Opa) 444333-333777
Vielen Dank für Ihre Hilfe!	

Kopiervorlage siehe Seite 154

II. ORDNER: DAS POTENZIAL DER GRUPPE

- **Elterngespräche**
- **Fragebogen für Kinder**
- **Fragebogen für Begleiter**
- **Tabelle Bezugspersonen**
- **Soziogramm**
- **Situationsanalyse Soziogramm**
- **Rahmenbedingungen**

II. ORDNER: DAS POTENZIAL DER GRUPPE

2. Schritt:
Potenzial der Gruppe

Lernen Sie das Potenzial der Gruppe näher kennen

Elterngespräche

Im Dialog mit den Eltern versuchen Sie gemeinsam, das Kind einzuschätzen.

Sie überlegen:

- Um welches Kind geht es? Was ist typisch -im positiven Sinn- für dieses Kind?
- Wie weit ist das Kind in seiner Entwicklung (körperlich, kognitiv, sozial und emotional)?
- Welche aktuellen Situationen erleben die Eltern in Bezug auf ihr Kind, in denen sie sich Unterstützung wünschen?
- Wer sind die Eltern? Was denken diese Eltern über ihr Kind?
- Welche Stärken sehen die Eltern an ihrem Kind?
- Welche Erziehungsziele setzten Sie sich gemeinsam mit den Eltern des Kindes?

> Durch die Notizen aller Elterngespräche haben Sie einen Überblick über Informationen aus verschiedenen Elterngesprächen.
>
> Sie könnten sich eine Mappe anlegen, um die Inhalte von verschiedenen Elterngesprächen miteinander zu vergleichen.

Name des Kindes: Achmed Tisch

Datum: 1. März 2013

Gesprächsteilnehmer: Frau Gabel, Frau Löffel, Frau Tisch, Herr Tisch

Elterngespräche Blatt 1
Tragen Sie Hinweise über die aktuellen Lebenssituationen der Kinder ein.

Lieblingsbeschäftigung Allgemeine Beschäftigungen	Radfahren, Bücher, Reiten, Fernsehen, Fußball Fährt mit Papa LKW, Bauen auf dem Bauteppich
Welche Stärken hat Ihr Kind?	Kann sich gut erinnern. An Bücher, die ihm vor einem Jahr vorgelesen wurden. Kann gut mit Pferden umgehen. Kann sich gut auf eine Sache konzentrieren.
Interessiert sich zurzeit für:	Autos und Pferde, will jeden Abend die Nachrichten sehen.
Sicht des Kindes und der Eltern über den Kindergarten	Schön, außer dem Mittagessen. Es schmeckt nicht. Und die Mädchen sind doof. Herr Tisch sagt: „Ich wünsche mir, dass Achmed im Kindergarten mehr malen würde!"
Kontakt zu Freunden aus dem Kindergarten	Spielt im Kindergarten mit Kai. Hat einmal Kai besucht.

Kopiervorlage siehe Seite 157

Name des Kindes: Achmed Tisch

Datum: 1. März 2013

Gesprächsteilnehmer: Frau Gabel, Frau Löffel, Frau Tisch, Herr Tisch

Elterngespräche Blatt 2
Tragen Sie Hinweise über die aktuellen Lebenssituationen der Kinder ein.

Typbeschreibung (Was macht Ihr Kind einzigartig, hat es Eigenarten?)	Läuft meistens im Pferdeschritt, (z.B. draußen, beim Turnen, beim Einkaufen, beim Fußballspielen). Redet wenig. Fragt ständig, wo etwas gekauft wurde.
Gibt es Gefühle, die derzeit extrem auffallen? (z.B. Angst, sich groß fühlen, Freude...)	Hat Angst eine Straße zu überqueren. Weint abends vor dem Schlafengehen. Freut sich auf den Urlaub.
Problemstellungen (z.B. Momente für die Eltern zum verzweifeln)	Viele Tränen vor dem Schlafen gehen
Mögliche Problemlösungen	• Zu Hause geregelte Schlafzeiten und feste Rituale einführen. • Ruhemöglichkeiten anbieten, wenn Achmed im Kindergarten müde ist. Jedoch bis maximal 15.00 Uhr schlafen lassen, damit er abends wieder müde ist. • Er wird in die Expertenliste eingetragen als: Pferdekenner, Experte für Kinderliteratur (Wissen wo es steht) • Wir werden uns die Malentwicklung von Achmed noch einmal genauer anschauen und Sie über unsere weitere Vorgehensweise informieren.

Kopiervorlage siehe Seite 158

Auswertung der Elterngespräche

Lieblingsbeschäftigung / Allgemeine Beschäftigungen / Welche Stärken hat das Kind?

Wie können Sie nun die Stärken dieses Kindes im Kindergarten stärken?

Beispiel:
Achmed kann sich gut an Bücher erinnern, die er vor langer Zeit vorgelesen bekommen hat. Er kennt viele Bücher. So hat es seine Mutter geschildert.

In Ihrem Kindergarten wird zurzeit ein Thema behandelt, zu dem noch viele Fragen der Kinder offen stehen.

Vielleicht kann Achmed helfen! Kennt er ein Buch, in dem es etwas über dieses Thema zu lesen gibt? Er kann dieses Buch mitbringen oder aus dem Regal der Kindergarten-Bibliothek holen. Die anderen Kinder werden staunen, über das, was Achmed weiß. Auch Achmed wird bewusst, für was er seine Stärke nutzen kann.

Die Interessen der Kinder

Wenn Sie sich die Spalte „**interessiert sich zurzeit für**" von verschiedenen Kindern anschauen, können Sie eventuell ein Thema für ein Projekt finden.
Die Voraussetzung ist, dass die Gespräche alle innerhalb der vergangenen 3 Wochen geführt wurden. Da es bei PerLe-Projekten um Themen geht, die die Kinder aktuell interessieren.

Beispiel:
Achmed und vier weitere Kinder interessieren sich zurzeit für Autos. Daraus ergibt sich das Projektthema: Fahrzeuge.

Kontakt zu Freunden aus dem Kindergarten

Während dieses Elterngesprächs können Sie Zusammenhänge zwischen Elternhaus und Kindergarten feststellen und kurz auf verschiedene Themen eingehen.

Beispiel:
Sie reden mit Frau und Herr Tisch darüber, ob sich Achmed öfter privat mit Kai verabreden darf.

Das ist ja mal wieder typisch!

Vielleicht verbinden Sie „typisch" mit negativen Eigenschaften. Nun werden wir es mal umdrehen und typisches Verhalten positiv betrachten.

Beispiele:
„Schon als kleiner Junge war dieser Mensch auffallend wortgewandt. Manche Lehrer bezeichneten ihn als vorlaut. Seiner Mutter viel auf, dass er sich immer wieder mit fremden Personen unterhielt und vieles wissen wollte. Manchmal ließ er verbal seltsame Geräusche von sich. Heute ist dieser Mensch ein berühmter Komiker. Er hat seine Stärke, sein typisch komisches Verhalten zum Beruf gemacht.
Auch ich, fällt mir gerade auf, habe mein Hobby zum Beruf gemacht. So könnte ich von morgens bis abends von dem Thema in diesem Buch erzählen. Tu ich auch. Ich schreibe und schreibe. Das macht mir Spaß. Außerdem singe ich jeden Tag. Sogar manchmal unbewusst, aber hörbar beim Tanken oder Einkaufen. Das ist typisch. Als Kind ahnte ich nicht, dass ich einmal nebenberuflich eine erfolgreiche Sängerin werden würde. Ich singe heute noch viel und laut, weil es mir Spaß macht, auch wenn es manchmal meine Familie nervt. Typisch!

Durch typisches Verhalten sind wir Menschen einzigartig. So individuell, wie ein Stein oder jedes andere Vorkommen in der Natur.

Ihre Aufgabe ist es, dass Sie das typische Verhalten der Ihnen anvertrauten Kinder finden!

Gefühle

Aufregung, Wut, Freude, Vorfreude, Angst, verliebt sein, einsam sein, sich groß fühlen, sich klein fühlen, sich ausgeglichen fühlen, all das und noch viel mehr können wir Menschen empfinden.

Es ist wichtig, dass wir unsere Gefühle beachten, sie wahrnehmen und lernen damit umzugehen.
In dieser Rubrik geht es hauptsächlich darum herauszuhören, wie die Eltern Ihr Kind beschreiben und wie sie mit der Situation umgehen. Jede Mutter und jeder Vater tut sein Bestes. Auch wenn Sie mir jetzt widersprechen. Die Erwachsenen sind groß gewordene Kinder, die versuchen für ihre Kinder das Beste zu tun. Die Kinder erleben die Gedanken und Emotionen der Eltern. Wenn Sie nun wissen, wie die Eltern mit den Gefühlen der Kinder umgehen, können Sie letztlich die Kinder mit ihren Verhaltens- und Denkweisen verstehen.

Problemstellungen

Ich habe einmal irgendwo gelesen, dass eine Familie nach der Geburt eines Kindes fünf Jahre braucht, bevor sie sich mit dem neugeborenen Familienmitglied eingelebt hat.

Sie müssen nun herausfinden, inwiefern die Eltern eine Unterstützung Ihrerseits wünschen und wie diese Unterstützung aussehen könnte.
Beispiel:
Achmed kann seit einigen Tagen nicht einschlafen, weil er Angst vor Monstern hat.

Wenn Sie merken, dass ein Elterngespräch mehr Zeit beansprucht, als es der zeitliche Rahmen für dieses Gespräch vorsieht, dann machen Sie gegebenenfalls einen weiteren Gesprächstermin aus.
Weiterhin können Sie auf unterschiedlichste Weise Eltern und Kindern Ihre Hilfe anbieten.

Direkte Hilfe während des Elterngesprächs	Erziehungsratschläge erteilen. *Kennen Sie beispielsweise – gegen Einschlafstörungen – das „Ex-Monsterspray"? Das ist in Wirklichkeit ein Raumdeo und wird von dem Kind selbst jeden Abend vor dem Schlafengehen gesprüht, um die Monster zu vertreiben.*
Hilfe zur Selbsthilfe	Bieten Sie den Eltern Literatur aus Ihrer Elternbibliothek an, damit sich die Eltern unabhängig von Ihnen über dieses Thema informieren können.
Hilfe von Spezialisten	Wenn auch dies nicht ausreicht, dann überlegen Sie, ob eventuell ein Therapeut dieser Familie und somit diesem Kind helfen kann. Finden Sie Kontaktmöglichkeiten und geben Sie diese Adressen den betreffenden Eltern.
Thema aufgreifen	Wenn in Ihrem Kindergarten mehrere Kinder zur gleichen Zeit ähnliche Ängste haben, dann können Sie diese Situation als Projektthema aufgreifen.

Gemeinsame Erziehungsziele festlegen

Nach ein paar Wochen reflektieren Sie gemeinsam mit den Eltern, ob Sie die gewünschten Erziehungsziele erreicht haben. Daraufhin überlegen Sie mit den Eltern, welche Ziele sich die Eltern und Sie für die nahe Zukunft setzen möchten. Halten Sie auch diese Ziele schriftlich fest.

Elterngespräche vergleichen

Wenn Sie zum zweiten Elterngespräch einladen, können Sie sich zuvor Ihre Notizen des ersten Gesprächs anschauen. Das Kind dürfte sich in der Zwischenzeit weiterentwickelt haben.
Schauen Sie sich mit den Eltern gemeinsam die Fortschritte des Kindes an und stellen Sie fest, ob Sie Ihre gemeinsamen Erziehungsziele in der Zwischenzeit erreicht haben.

Fragebogen für Kinder

> Jedes Kind hat eine eigene Ausgangssituation. Diese kann analysiert werden, indem folgende Fragen betrachtet und beantwortet werden:
> - Wer ist dieses Kind?
> - Welche Freunde hat es?
> - Wie geht es dem Kind?
> - Welche Rolle spielt es im Kindergarten und außerhalb des Kindergartens?
> - Welche Stärken hat das Kind?

Versuchen Sie, wenn es Ihnen möglich ist, Einzelgespräche mit den Kindern zu führen, um zu verhindern, dass ein Kind einem anderen Kind nach spricht. Erzählen Sie während den Gesprächen zuerst von sich, beispielsweise von Ihrem Hobby, und lassen Sie das Kind anschließend über sich berichten. Dass bedeutet, Sie führen ein Gespräch mit dem jeweiligen Kind, anstatt es auszufragen.

Sollten manche Kinder noch zu jung sein, um diese Fragen selbst zu beantworten, können Sie gemeinsam mit den Eltern des Kindes und mit dem Kindergartenteam die leeren Felder auf dem Fragebogen ausfüllen.

Da sich die Informationen beständig ändern, ist es sinnvoll diese von Zeit zu Zeit zu aktualisieren.

> Sie können anhand dieses Fragebogens, zusammen mit dem folgenden, der Sie persönlich und Ihre Kollegen beschreibt, ein Soziogramm erstellen.

Ein Soziogramm erläutert, wer mit wem befreundet ist und welche Rollen die einzelnen Personen haben. Des Weiteren gibt ein Soziogramm Einblick in die Rangordnung der Gruppe, zu der auch Sie gehören.

Fragebogen für Kinder

Datum: 1. März 2013

Erkundigen Sie sich bei den einzelnen Kindern, um sie näher kennen zu lernen.

Reden Sie einzeln mit dem jeweiligen Kind. Welche Interessen, Stärken und Hobbys hat dieses Kind? Wie weit ist es sozial integriert in Ihrem Kindergarten? Was macht es in seiner Freizeit?

Vor- und Zuname	Steffi Mustermann	Sabine Mayer	Nico
Hobbys	Fahrrad fahren, basteln	Turnen, Tanzen, Fußball spielen	Malen, …
Vereine	Turnverein	Fußball, Judo, Ballet, Turnverein	
Freunde im Kindergarten	Tina, Lena, Lisa, Bastian, Lorena, Torben	Robert, Tilo, Tommy, Nadine, Helen, Marlin	Leon
Bezugspersonen im Kindergarten	Frau Messer	Frau Gabel	Frau Löffel
Lieblingsbeschäftigung im Kindergarten und zu Hause	Oma im Garten helfen, spielen	Rollenspiele, toben Fernseher schauen	Malen, Bücher anschauen mit dem Hund spielen,
Besondere Fähigkeiten	kann Spaghetti kochen, Fahrrad fahren ohne Stützräder, hilfsbereit	Durchsetzungsvermögen, macht Spagat, …	Zeichnet detailliert, kann sich lange auf eine Sache konzentrieren

Kopiervorlage siehe Seite 159

Auswertung zum Fragebogen für Kinder

Hobbys & Vereine

> Anhand dieser Gespräche können Sie Interessen und Stärken einzelner Kinder feststellen und herausfinden, wie weit diese Kinder sozial integriert sind.

Zur Erläuterung soll ein Beispiel dienen:
Vielleicht erkennen Sie, dass ein Kind in fünf verschiedenen Vereinen ist und ein anderes in keinem Verein aktiv ist.

Beides ist auffällig. Ist es deshalb bedenklich? Das hängt vom jeweiligen Kind ab.

Wenn Sie es für notwendig erachten, können Sie gemeinsam mit den Eltern die Situation des Kindes überdenken und Vereine für das Kind vorschlagen, bzw. abraten.

Weiterhin können Sie einzelne Situationen situativ aufgreifen. Beispiel:
Lola ist als einziges Kind im Judoverein und darf, wenn sie dazu in der Lage ist, eine Judostunde anbieten. Wer möchte darf daran teilnehmen.

Freunde im Kindergarten

> Mit den Angaben in diesem Bereich können Sie ein Soziogramm erstellen.
> (siehe Soziogramm)

Das Kind zählt an dieser Stelle beliebig viele Freunde auf. Später erkennen Sie anhand des Soziogramms unter anderem wie intensiv die Beziehungen der Kinder untereinander wirklich sind.

Besondere Fähigkeiten analysieren

Gemeinsam mit dem Kind überlegen Sie, welche besonderen Fähigkeiten Sie beide an diesem Kind feststellen.
Sie können dann diese Fähigkeiten bei Bedarf nutzen. Beispiel:
Susi kann einen Zaubertrick. Beim nächsten Sommerfest darf sie ihren Zaubertrick vorführen.

Ein weiteres Beispiel:
Mohammed ist ein Farbenkünstler. Er malt besonders auffällig. Deshalb soll er, wenn er sich dazu bereit erklärt, das Bühnenbild für das Theater gestalten.

Bezugspersonen im Kindergarten analysieren

> Auch die Angaben in diesem Bereich sind nützlich für ein Soziogramm.
> (siehe Soziogramm)

Um die Bezugspersonen finden zu können, brauchen Sie weiterhin Angaben von den Erwachsenen, die im Kindergarten als Bezugspersonen in Frage kommen. Durch den Fragebogen für den Begleiter stellen Sie fest, ob auch die jeweilige Erzieherin sich als Bezugsperson dieses Kindes sieht oder nicht.

Fragebogen für Begleiter

An dieser Stelle sind nun Sie selbst gefragt. Doch warum nenne ich Sie Begleiter?

Das hat einen einfachen Grund. Zum einen weiß ich nicht welchen Berufsstand Sie haben. Sind Sie Erzieher/in oder Praktikant/in, Sozialpädagoge/in oder Lehrer/in? Zum anderen finde ich den Begriff Erzieher unpassend. Denn es ist das Gegenteil was hier passiert! Die Kinder werden begleitet und nicht gezogen.

Zurück zum Fragebogen.
Da Sie sich stets weiterentwickeln, ist es sinnvoll auch diese Notizen von Zeit zu Zeit zu aktualisieren.

> Für die Projektarbeit ist dieser Fragebogen nützlich, weil hierbei auf Ihre persönlichen Stärken geachtet wird. Sie könnten als Experte in die Expertenliste eingetragen werden.
> Weiterhin können Sie anhand dieses Fragebogens und dem Fragebogen für die Kinder ein Soziogramm erstellen.

Fragebogen für Begleiter

Datum: 1. März 2013

Wer sind Sie als Begleiter der Kinder?
Hören Sie in sich hinein. Welche Interessen, Stärken und Hobbys haben Sie?
Welche Rolle spielen Sie im Team und bei den Kindern?

Vor- und Zuname	Frau Löffel
Hobbys	Fahrrad fahren, schwimmen, reiten, lesen
Bezugsperson für die Kinder	Tina, Lena, Lisa, Bastian, Lorena, Torben
Bezugsperson für die Eltern	Frau Tee, Herr Salz, Frau Stift
Lieblingsbeschäftigung im Kindergarten	In der Turnhalle arbeiten, Experimentieren, Bibliothek betreuen, Kindern vorlesen
Besondere Fähigkeiten	Ich kann Trickfilme selbst machen
Vereine	Turnverein

Kopiervorlage auf Seite 160

Auswertung zum Fragebogen für Begleiter

Hobbys, Lieblingsbeschäftigung im Kindergarten, Besondere Fähigkeiten, Vereine

> Diese Informationen dienen dazu, festzustellen, was Sie besonders macht, und welche Talente Sie haben.
> Der Fragebogen gibt Ihren Kollegen und Kolleginnen einen Anhalt, in welchen Projekten Sie die Arbeit auf einzigartige Weise bereichern können.

Viele Erzieher/innen kennen das Bild der Erzieherin, die 20 Hände hat. Eine Alleskönnerin. Sie kann gut vorlesen, ist ausgezeichnet musikalisch und sie kann kreativ werken, sportlich ist sie ein Ass, in Haushalt und Pflege perfekt und so weiter. Doch ist das realistisch?

Nein! Natürlich nicht. Auch wenn wir in all diesen Fächern ausgebildet wurden, haben auch wir unsere Schwächen. Viel wichtiger hingegen sind unsere Stärken.
Während einer Dienstbesprechung könnten Sie sich mit Ihren Kollegen über die eigenen und individuellen Stärken austauschen. Sie werden feststellen, dass Sie sich im Team als Individuen sehr unterscheiden. Das hoffe ich! Denn je unterschiedlicher Sie sind, desto eher können Sie sich ergänzen. Sowohl in alltäglichen als auch pädagogisch, methodischen Situationen.

Bezugsperson für die Kinder

> Sie können schnell feststellen, welche Kinder sich besonders zu Ihnen hingezogen fühlen und welche weniger.

Schreiben Sie in diese Spalte des Fragebogens alle Namen der Kinder Ihrer Gruppe. Jedoch auswendig, ohne auf eine Namensliste oder sonstige Hilfsmöglichkeiten zu schauen. Das Kind, bei dem Sie ohne Zweifel die Bezugsperson sind, schreiben Sie an oberste Stelle. Darunter ein weiteres Kind. Bis Sie alle Kinder Ihrer Gruppe aufgeschrieben haben. Fertig?
Kontrollieren Sie die Anzahl der Kinder, die Sie notiert haben.
Welches Kind steht oben auf Ihrer Liste? Wer in der Mitte? Wer steht unten? Haben Sie ein Kind vergessen?
Während einer Teambesprechung überlegen Sie, wer sich als Bezugspersonen der Kinder fühlt, die im unteren Abschnitt Ihrer Aufzählung standen.

Bezugsperson für die Eltern

Bei den Eltern können sie dieselbe Methode anwenden, die bereits im Abschnitt „Bezugsperson für die Kinder" beschrieben ist.
Auch hier schreiben Sie alle Eltern auswendig untereinander auf einen Notizzettel. Anschließend kontrollieren Sie die Anzahl der Eltern. Wer steht oben? Wer steht unten? Wer steht in der Mitte? Haben Sie jemanden vergessen?
Während einer Teambesprechung überlegen Sie, wer sich als Bezugspersonen der Eltern fühlt, die im unteren Abschnitt Ihrer Aufzählung standen.

Erstellen Sie ein Soziogramm

> Anhand Ihres Soziogramms können Sie sich die Gruppenstruktur auf einen Blick anschauen.

Schauen Sie sich für das Soziogramm folgende Kategorien auf den bereits ausgefüllten Fragebögen an:

1.

Fragebogen für Kinder	
Freunde im Kindergarten	Bezugspersonen im Kindergarten

2.

Fragebogen für Begleiter	
Bezugsperson für die Kinder	

Im folgenden Text finden Sie zwei Möglichkeiten, mit denen Sie ein Soziogramm bildlich darstellen können. Wählen Sie sich eine dieser beiden aus.

Ein Soziogramm zeichnen

Dazu benutzen Sie ein mindestens DIN A3 großes Blatt. Darauf schreiben Sie alle Namen der Kinder und Erzieher/innen der Gruppe/n.

Beispiel:

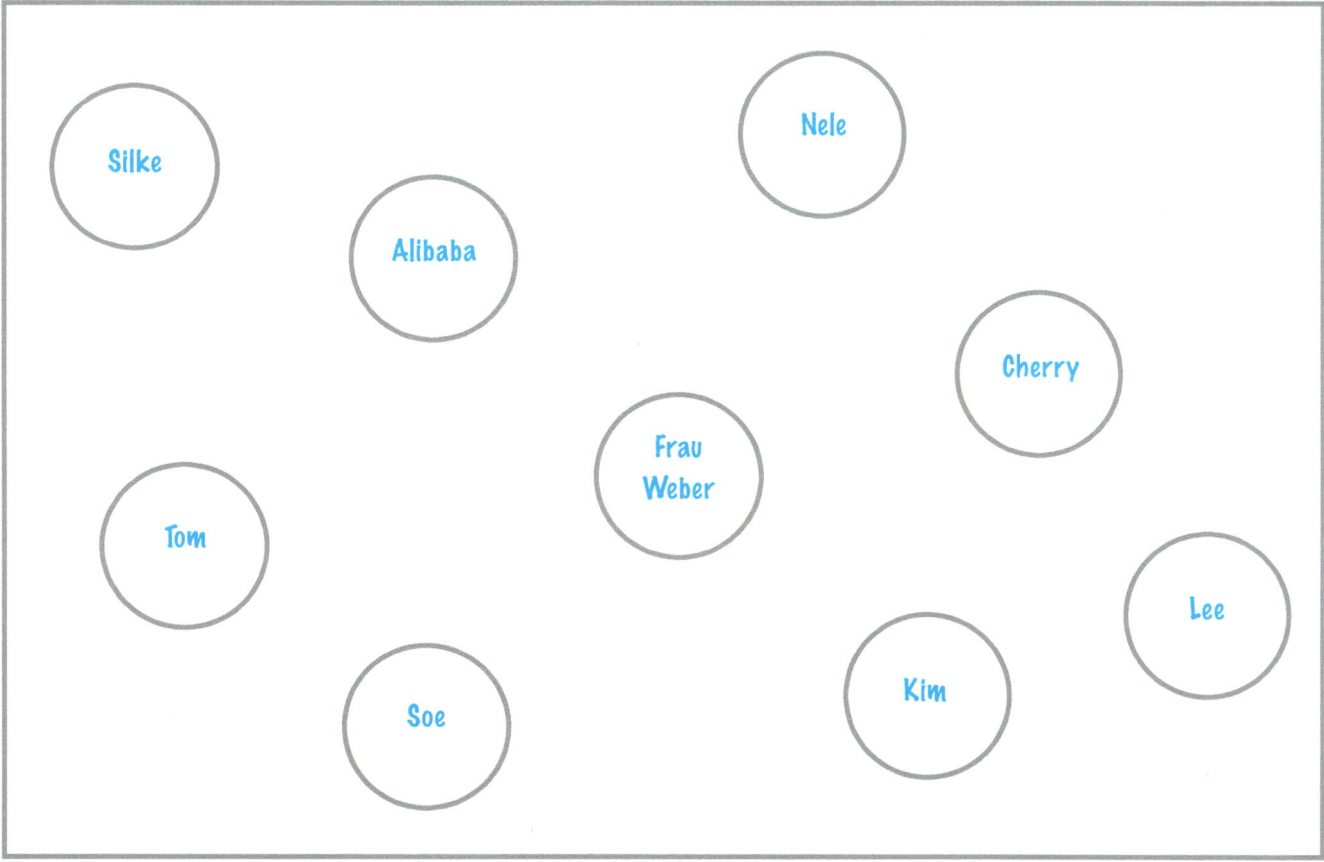

Nun verbinden Sie die Namen der Personen auf Ihrem DIN A3 Blatt jeweils mit Pfeilen.

Dazu ein Beispiel:

Silke ist befreundet mit Nele.

Demnach ziehen Sie eine Linie von Silke zu Nele. Die Pfeilspitze zeigt auf Nele.

Wenn Sie später in der Liste sehen, dass auch Nele mit Silke befreunde ist, malen Sie an dieselbe Linie eine Pfeilspitze, die dieses Mal auf Silke zeigt.

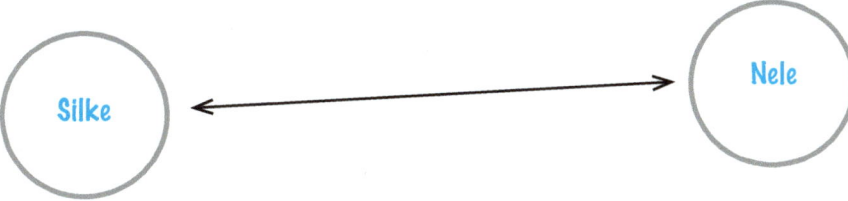

Wenn Sie so alle Namen der Fragebögen verbunden haben, entsteht ein Bild, worauf Sie erkennen können welche Kinder und Erzieher im Mittelpunkt stehen, und welche Kinder und Erzieher weniger beachtet werden.

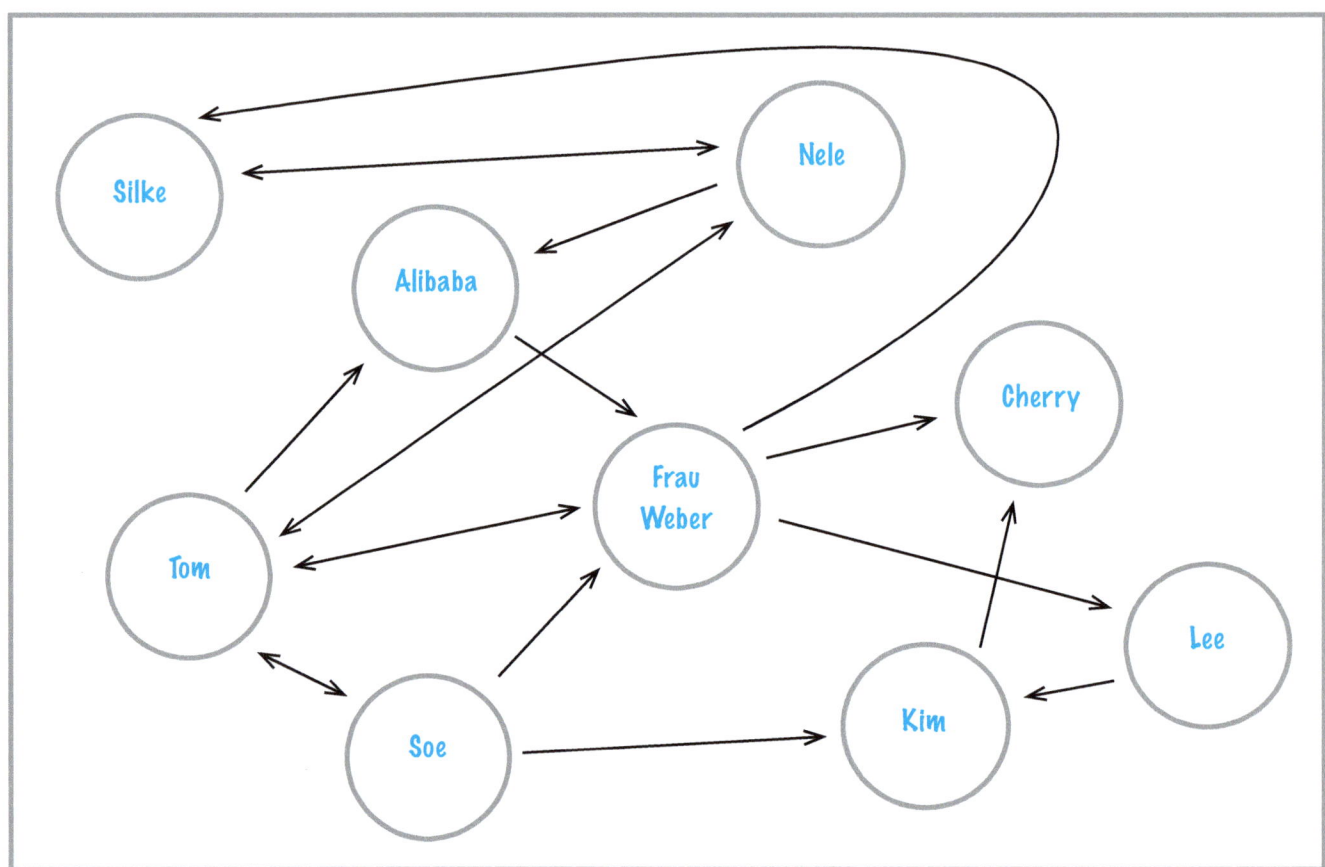

Tabelle Bezugspersonen

Anhand dieser Tabelle sehen Sie wie integriert die einzelnen Kinder und Eltern sind.

Beispiel:

Tabelle Bezugspersonen	Datum:
Name des Kindes:	
mag	
wird gemocht von	
Bezugsperson des Kindes im Kindergarten	
Bezugsperson der Eltern	

Kopiervorlagen siehe Seite 161

Situationsanalyse Soziogramm

Wenn Sie sich nun Ihr Soziogramm noch einmal genau anschauen, können Sie sich verschiedene Fragen stellen:

- Wer spielt mit wem?
- Wer hat keinen Freund?
- Welche Kinder, und/oder Erzieher/innen wurden vergessen?
- Wie verteilen sich die Rollen der Kinder?
- Wer ist Außenseiter?
- Wer ist Sündenbock?
- Wer ist Anführer?
- Wer ist besonders beliebt?
- Wer fällt kaum auf?
- Welche Eltern haben keine Bezugsperson?

Ein Kind und / oder Eltern ohne Bezugsperson

Günstigstenfalls sollte jedes Kind eine Bezugsperson haben. Doch leider werden auch Erzieher/innen manchmal krank und sind nicht da. Wer schaut in diesem Fall nach den Bedürfnissen des Kindes, dessen Bezugsperson krank ist? Oder den Eltern, deren wichtigster Ansprechpartner zuzeit fehlt?
Gibt es, bezogen auf dieses Kind, wichtige Rituale, bei denen die Bezugsperson eine tragende Rolle spielt?
Wer kommt im Krankheitsfall als zweite Bezugsperson in Frage?
Gibt es eine/n Erzieher/in zu denen sich mehr Kinder hingezogen fühlen, als diese Person überblicken kann?
Können andere Erzieher/innen bewusst Beziehungen zu einigen dieser Kinder aufbauen, um die Kollegin zu unterstützen?

Beispiel:

\multicolumn{3}{l}{**Situationsanalyse Soziogramm**}
\multicolumn{3}{l}{Datum:}
Name	Beschreibung der Situation	Eventuelle Themen
Katja	Katja fiel kein Freund ein. Kein Kind zählte Katja in der Rubrik Freund mit auf. Als Bezugsperson im Kindergarten nannte Katja Frau Löffel. Auf dem Fragebogen, den Frau Löffel ausfüllte fehlte Katja ebenfalls.	Integration von Katja. Welche pädagogische Kraft baut bewusst eine Beziehung zu Katja auf?

Kopiervorlage siehe Seite 162

Rahmenbedingungen

Der Kummerkasten

An dieser Stelle möchte ich mit Ihnen gemeinsam eine Reise ins Universum machen. Von dort aus betrachten wir uns den Planeten Erde. Etwas näher heran gezoomt sehen wir das Land in dem Sie täglich arbeiten. Nun fahren wir in das Bundesland, in die Gemeinde und schließlich in die Institution in der Sie arbeiten.
Schauen Sie nun genau hin. Dort können Sie sich selbst beobachten.
Sind Sie zufrieden mit sich, mit Ihrer Arbeit, mit Ihren Rahmenbedingungen?

Ich fand irgendwo auf der Erde einen Kummerkasten. Darin waren viele Zettel von Menschen, die mit Menschen auf der Arbeit zu tun hatten. Auf einem Blatt stand: „Wir sind unterbezahlt!" auf einem anderen „Wir haben zu wenig Personal!" oder „Wir haben viele Ideen, aber das können wir aus finanziellen Gründen nicht anbieten.".
Der Kasten war voll bis oben hin mit Kommentaren. Und alles was dort stand war wirklich so. Zusammengefasst in einem Satz: Ein hoher Anspruch für wenig Geld, Raum, Zeit und Kraft.

Raus aus der Opferrolle

Tatsächlich ist es so, dass Sie zur Arbeit gehen, Ihre Stunden leisten und auf sich selbst aufpassen. Sie selbst können Ihre persönlichen Grenzen am ehesten einschätzen.

> Wenn Sie nun in irgendeinem Bereich Unzufriedenheit spüren, können Sie sich diesen wie folgt genauer anschauen. So stellen Sie fest, um was es konkret geht und ob Sie an der jetzigen Situation etwas verbessern können.

Dazu nehmen Sie einen Stift zur Hand und schreiben stichpunktartig alles herunter, was Ihnen nicht gefällt. Tragen Sie diese Gedanken in die erste Spalte der Tabelle ein. Niemand außer Ihnen wird diese Gedanken lesen, wenn Sie dies nicht wollen. Also können Sie ungehemmt alles von Ihrer Seele schreiben.

Schreiben Sie in der „Ich-Form", also

- Es macht mich wütend...
- Es regt mich auf, dass...
- Ich mache dieses und dann...
- Obwohl ich...

Ist Zustand Damit bin ich unzufrieden:			

Kopiervorlage auf Seite 163

Schreiben Sie nun, wie es idealerweise sein könnte, und tragen Sie diese Gedanken in Spalte 2 ein. Auch diese Vorstellungen muss anschließend niemand lesen. Deshalb können Sie träumen, spinnen im positiven Sinn und natürlich realistisch alles niederschreiben, was Ihrer Vorstellung nach schön wäre.

Ist Zustand Damit bin ich unzufrieden:	Wie soll es sein? Meine Idealvorstellung:		

Kopiervorlage auf Seite 163

Überlegen Sie nun, warum es Ihrer Meinung nach nicht so ist, wie Sie es sich wünschen.
Denken Sie dabei an alle Bedingungen, die Ihre Arbeit beeinflussen. Versuchen Sie auch „über den Tellerrand" zu schauen, damit Sie den Konflikt, um den es geht, genau orten können.
Schätzen Sie die Situation fair ein. Wenn sich eine Person in Ihrem Umfeld so verhält, dass sie Ihre Arbeit blockiert, hinterfragen Sie, warum diese Person so handelt oder gegebenenfalls gezwungen ist so handeln zu wollen.

Ist Zustand Damit bin ich unzufrieden:	Wie soll es sein? Meine Idealvorstellung:	Warum ist es nicht so, wie ich es will? Alle Bedingungen, die meine Arbeit beeinflussen:	

Kopiervorlage auf Seite 163

> In erster Linie geht es um Sie selbst. Welche Ideen und realistische Handlungsmöglichkeiten haben Sie, dass einige Ihrer Ideen umgesetzt werden können.

Daher schreiben Sie nun alle Ideen, die Ihnen einfallen, auf. Auch diese, die Ihnen im ersten Moment ungewohnt erscheinen. Anschließend finden Sie wahrscheinlich eine gute Idee, mit der Sie einen Ihrer Wünsche erfüllen können.
Oder Ihnen wird bewusst, warum dieser Wunsch blockiert wird und Sie können dort gezielt nach weiteren Lösungsmöglichkeiten suchen.

Rahmenbedingungen			
Ist Zustand Damit bin ich unzufrieden:	Wie soll es sein? Meine Idealvorstellung:	Warum ist es nicht so wie ich es will? Alle Bedingungen, die meine Arbeit beeinflussen:	Was kann ich tun um zu erreichen, was ich will?

Kopiervorlage auf Seite 163

Fortschritt

> Viele kleine Fortschritte können zusammen sehr viel bewirken.

So lange Sie in der Opferrolle bleiben können Sie wenig bewirken. Erst durch eigene Initiative und klare Grenzen, die Sie aus persönlichen Gründen setzen oder Prioritäten, nach denen Sie Ihre Kraft einteilen, können Sie wirklich gute Arbeit leisten.

Denn es geht bei all den geschriebenen Worten letztlich darum, dass es Ihnen gut geht. Daraufhin kann es auch den Kindern, den Eltern, den Arbeitskollegen, den Trägern, dem Land, dem Staat, der letztendlich wir alle sind, gut gehen.

PerLe Projekte

„Wenn du ein Schiff bauen willst, so trommle nicht Männer zusammen, um Holz zu beschaffen, Werkzeuge vorzubereiten, die Arbeit einzuteilen und Aufgaben zu verteilen, sondern lehre die Männer die Sehsucht nach dem weiten, endlosen Meer."

(Saint-Exupéry)

© Tommy Windecker - Fotolia.com

Allgemeine Ziele der Projektarbeit

> In diesem Kapitel erfahren Sie, wie Sie herausfinden können, auf was die Kinder neugierig sind. Wie Sie behutsam mit dieser Neugierde umgehen und diese bis zum Ende des Projekts erhalten können.

Kurz und knapp erläutere ich an dieser Stelle allgemeine Ziele, die durch die PerLe- Methode erreicht werden.

„Der Weg ist das Ziel"
(Zitat von Konfuzius)

Das PerLe-Projekt ist ein Stück Lebensweg, auf dem das einzelne Kind viel entdecken und lernen kann.
Jedes Projekt knüpft an den derzeitigen Wissensstand der Teilnehmer an. Alle suchen gemeinsam nach Antworten. Experten werden gefragt und Sie gehen gemeinsam mit den Kindern auf eine Entdeckungsreise. Durch Bücher, Filme, Exkursionen, Experimente, spielerisches Ausprobieren…
Am Ende dieser Reise werden auch Sie eine Menge gelernt haben.

Kinderseelen leben im Gegenteil zu uns Erwachsenen noch überwiegend in der Gegenwart. Sie sehen keinen langen Weg, sondern den Moment, den Tag, vielleicht die Woche. Kinder entdecken und wollen wissen. Sie spüren und wollen verstehen und saugen alle Informationen ungefiltert auf.
Mit einem breiten Grinsen und positivem Gefühl fragen sie: „Was ist denn das?" „Und Warum?"

Motivation des Kindes

Bei einem PerLe-Projekt wird diese Motivation, die aus dem Kind selbst kommt, aufgegriffen.

Neugierde

Jedes Kind ist „neu-gierig" und will lernen.
Genau hier knüpft die Situationsorientierte Arbeit an.
Die kindliche Neugierde, und somit der natürliche Spaß am Lernen soll erhalten bleiben.

Spaß

Heute hören wir das Wort Spaß in vielen Zusammenhängen. Doch was soll das? Früher war es doch der Ernst des Lebens, wenn über Bildung geredet wurde. Ist jetzt Spaß der neue Ernst?
Natürlich bleibt Bildung eine ernstzunehmende Sache. Spaß empfinden die Kinder, wenn sie positive Erlebnisse haben und dabei genau das lernen, was sie wissen wollten. PerLe-Projekte richten sich nach den Bedürfnissen, Wünschen, Interessen und Erfahrungen der Kinder, Eltern und Begleiter. Aus diesem Grund macht diese Art der Arbeit allen Beteiligten großen Spaß.
Mit Freude erleben die Kinder, wie schön es sein kann, etwas Neues fürs Leben zu lernen und zu erfahren.

Individuum	Das Kind und alle Beteiligten werden als ganze Personen wahrgenommen. Es ist nicht „das Kind", sondern Hans XY, mit seinem Charakter und seinen individuellen Eigenschaften. Es sind nicht „die Eltern", sondern es ist Frau Schön, die Mutter des Kindes XY, ebenfalls mit ihrer individuellen Persönlichkeit. Es sind nicht „die Erzieher", sondern Sie selbst sind es und jede einzelne erwachsene Person, die jeweils die unterschiedlichen Kinder ein Stück auf ihrem Lebensweg begleiten dürfen.
Selbstbewusstsein	Mit der Zeit gewinnt das Kind mehr Selbstbewusstsein und Selbstwertgefühl. Es wird selbstständiger und handlungsfähiger.
Sozialverhalten	Die Kinder sollen ihre Mitmenschen nicht als Konkurrenten abschirmen. Sie sollen sich anders Denkenden öffnen können und durch die Vielfältigkeit der Ideen und Möglichkeiten ergänzen. Durch dieses aktive Miteinander wird das Sozialverhalten der Kinder und somit der Gesellschaft gestärkt.
Kommunikation	In vielen Gesprächssituationen haben die Kinder die Gelegenheit sich in ihrer Ausdrucksweise und im Hinhören zu üben. Sie können ihre eigenen Erfahrungen austauschen.
Ganzheitliche Förderung	Damit es nicht zu theoretisch wird, schildere ich nun noch weitere Ziele in Stichpunkten, die die Kinder während dieser Projektarbeit lernen können.

Sie können:

- sich flexibel verhalten.
- Gruppendynamik erleben.
- Zusammenarbeit und Verhandlungsgeschick trainieren.
- sich mit ihrer Kreativität bildlich (schriftlich) und mündlich ausdrücken.
- ihr visionäres Denken entfalten.
- Problemlösungen auf verschiedenste Weisen finden.
- ihre Selbstwahrnehmung, Kommunikation und ihre Selbstbehauptung üben.
- kritisches Denken aktivieren.
- ihr kreatives Denken zum Ausdruck bringen.
- am Zeitmanagement und der Planung mitwirken.
- Konfliktlösestrategien erlernen.
- üben sozialem Druck zu widerstehen.
- Es wird körperliches, psychisches und soziales Wohlbefinden erkannt und in den Lernalltag mit einbezogen.

PerLe-Projekt = Leben lernen

III. ORDNER: AKTUELLE INTERESSEN, WÜNSCHE UND BEDÜRFNISSE

- **Tür- und Angelgespräche**

3. Schritt:
Beobachtungen über mehrere Wochen

Im Hinblick auf das Projektthema sammeln Sie Informationen und Eindrücke, um aktuelle Wünsche, Interessen und Bedürfnisse der Kinder und Erwachsenen aufzugreifen

Tür- und Angelgespräche

> Mittels der folgenden Dokumente können Sie und Ihr Team jederzeit auf Ihre Notizen als Informationsaustausch und Erinnerungsstütze zurückgreifen. Sie erkennen vor Elternabenden, ob ein weiteres wichtiges Thema angesprochen werden soll.
> Kollegen in einem Team mit vielen Teilzeitkräften können sich einfach, schnell und sachlich über die aktuellen Geschehnisse informieren.

Während der kurzen Gespräche innerhalb der Bring- und Abholzeit werden von Seiten der Eltern wichtige Informationen mitgeteilt. Es sind Hinweise über Veränderungen der aktuellen Lebenssituation eines Kindes. Diese Informationen können gegebenenfalls für die Auswahl eines Projektthemas von Bedeutung sein. Notieren Sie wichtige Informationen.

Beispiele:

\multicolumn{4}{l}{**Tür- und Angelgespräche**}
\multicolumn{4}{l}{Tragen Sie Hinweise über die aktuellen Lebenssituationen der Kinder ein.}
Name	Gesprächspartner	Aktuelle Information	Datum / Wer hat eingetragen?
Lina Muster	Frau Muster (Oma)	"Lina hat große Angst vor Fliegen, sie wurde vor einem Jahr von einer Biene gestochen."	23.3. E.G.
Mohammed Müster	Herr Müster (Vater)	Fastenzeit Mohammed soll keine Süßigkeiten essen	26.3. J.R.
Kai Müller	Herr Müller (Opa)	Kai hat seit gestern eine kleine Katze.	30.3 S.O.
Lilo Mayer	Frau Mayer Mutter	In der Familie ist Nachwuchs unterwegs	10.4. E.G.
Hannes	Bruder	Hannes will seit zwei Wochen nur noch Indianer spielen.	10.4. S.O.
Zoe	Herr Schmitt	Soes Mutter ist im Krankenhaus	11.4. J.R.

Kopiervorlage siehe Seite 165

IV. ORDNER: BEOBACHTUNGEN WÄHREND DES FREISPIELS

- **1. Übungsbogen „Offene Fragen"**
- **Spiel- und Konfliktsituationen während des Freispiels**

Beobachtung

> Anhand der folgenden Dokumente stellen Sie fest, welche Kinder Sie nach und nach mehr beziehungsweise weniger in Augenschein genommen haben.
> Die Ziele der individuellen Beobachtung einzelner Kinder sind:
> - Bewusste Wahrnehmung einzelner Kinder in mehreren Freispielsituationen.
> - Themen, die die Kinder seit mehreren Wochen beschäftigen, für PerLe-Projekte finden.

Selbstbeobachtung

Bevor Sie mit diesen Notizen beginnen, möchte ich Sie bitten Ihr eigenes Beobachtungsverhalten zu überprüfen.

Ihre Beobachtungen sollen möglichst objektiv sein und die wirkliche Begebenheit schildern.
Wer neigt nicht dazu zwei Mädchen verkleidet in Prinzessinnenkostümen mit den Worten: „... spielt ihr Prinzessin?" anzusprechen?

Beachten Sie alle Kinder

Nehmen Sie sich täglich mehrere Minuten während des Freispiels Zeit, um die Kinder gezielt zu beobachten.

Beobachten Sie objektiv

Schauen Sie gezielt auf das, was die Kinder spielen und achten Sie auf die Inhalte der Gespräche. Schreiben sie die Handlungen der Kinder auf und das, was sie sagen. Korrigieren Sie während Ihrer Beobachtung kein Kind.
Wenn sich beispielsweise zwei Kinder über einen „Schiffsführer" unterhalten, verbessern Sie nicht: „Das ist ein Kapitän!".

Hinterfragen Sie eine Spielsituation, die Sie nicht verstehen mit offenen Fragen

Wenn Sie eine Situation trotz längeren Beobachtens nicht verstehen, schildern Sie den betreffenden Kindern, was Sie beobachtet haben, anschließend hinterfragen Sie die Spielsituation.

Beispiel:

Schilderung des beobachteten Verhaltens: *„Ihr habt hier viele Tiere eingezäunt. In dem einen Gehege sehe ich Krokodile, in einem anderen sind Löwen und Kühe. Hier steht ein Traktor und dort sind viele Bausteine."*

Hinterfragung der Aktivitäten der Kinder: *„Ich möchte gerne wissen, was ihr hier spielt?"* Antwort eines Kindes: *„..."*. Wiederum hinterfragen Sie: *„Für was braucht ihr die Bausteine?"* usw.

1. Übungsbogen „Offene Fragen"

Sie beobachten die Kinder während des Freispiels. In manchen Situationen sind Sie sich nicht sicher, was die Kinder spielen. Deshalb fragen Sie mit Offenen Fragen nach.

**Offene Fragen beginnen meistens mit einem „W",
also „Wie"; „Wer"; „Was"; „Wo"; „Womit"; „Wohin";
„Weshalb"; „Wieso" oder „Warum"
und können nicht mit „Ja" oder „Nein" beantwortet werden.**

Versuchen Sie nun die folgenden Fragen in Offene Fragen umzuformulieren!

Anschließend können Sie Ihr Ergebnis mit dem bereits ausgefüllten Übungsbogen auf der folgenden Seite vergleichen.

Beispiele:

Datum:				
1. Übungsbogen „Offene Fragen" Versuchen Sie die folgenden Fragen in Offene Fragen umzuformulieren!			
Dies sind keine Offenen Fragen	Antwortmöglichkeiten	Offene Frage	Antwortmöglichkeiten
Habt ihr euch als Prinzessinnen verkleidet?			
Ihr habt eine tolle Burg! Und die Püppchen, sind eure Ritter?			
Spielt Tim auch mit?			
Wollt ihr euch ein Haus bauen, und das funktioniert nicht?			

Kopiervorlage siehe Seite 167

Ausgefüllter Übungsbogen:

Datum:

1. Übungsbogen „Offene Fragen"
Versuchen Sie die folgenden Fragen in Offene Fragen umzuformulieren!

Dies sind keine Offenen Fragen	Antwortmöglichkeiten	Offene Frage	Antwortmöglichkeiten
Habt ihr euch als Prinzessinnen verkleidet?	„Ja" „Nein"	Was spielt ihr?	Viele
Ihr habt eine tolle Burg! Und die Püppchen, sind eure Ritter?	„Ja" „Nein"	Was habt ihr gebaut?	Viele
Spielt Tim auch mit?	„Ja" „Nein"	Wer spielt mit?	Viele
Wollt ihr euch ein Haus bauen, und das funktioniert nicht?	„Ja" „Nein"	Was macht ihr? Woran kann es liegen, dass es nicht hält? Was könnt ihr anders machen?	Viele

Spiel- und Konfliktsituationen während des Freispiels

> Anhand dieser Beobachtungen können Sie Themen finden, die für die Kinder derzeit interessant sind.

Von Vorteil für die Zusammenarbeit sind unmissverständliche Stichworte.

Beispiele:

Spiel- und Konfliktsituationen während des Freispiels

Sammeln Sie Ihre Beobachtungen stichpunktartig, um sie nach ein paar Wochen zu reflektieren. Wenn mehrere Personen denselben Beobachtungsbogen verwenden, können Sie jeweils Ihr Monogramm in das rechte kleine Kästchen eintragen.

Welche Kinder	Beschreibung der Situation
	
	• Was spielen / machen die Kinder?
	• Unterhalten sich diese Kinder? Worüber?
	• Gab es einen Konflikt?
	  Wie ist der Konflikt entstanden?
	  Wie wurde der Konflikt gelöst?
		Thema
		Monogramm
		Datum

Nico Jonas	bauen große Schiffe mit Lego, unterhalten sich über den Schiffsführer und Kanonen	Schiffe 1.3. IM
Nina Tim Theresa Tina Eric	spielen im Gebüsch Rakete	Rakete 1.3. LB
Lena Anna Julia	sitzen unter einem Tisch Ich fragte: "Was spielt ihr?" Sie sagten: "Wir sind Orangen und liegen im Regal"	Orangen 2.3. UO
Leonie Hannes Maren	unterhalten sich am Maltisch Leonie: Mein Bruder hat gesagt Schule ist doof! Nur die Pausen sind schön.	Schule 3.3 LB
Isabelle Tanja	spielen mit dem Puppenwagen Tanja ist das Baby Isabelle die Mutter	Mutter-Kind 3.3. TS

Lisa Amelie Lena	verkleiden sich, spielen telefonieren, Tisch decken, Baby. Lena sagte: "Leon darf nicht mitspielen!" Leon geht. Kurze Zeit später krabbelt er wieder zu den Kindern und sagt: "Ich bin die Katze" Lena ist dagegen. Amelie und Lisa akzeptieren die Katze. Leon spielt mit als Katze.	Mitspielen oder nicht 1.3. IM
Lars Mathias Peter Jürgen	spielen Fußball, streiten sich über Spielregen Kinder sprachen sich über vermutliche Fußballregeln ab Bsp. Abseits bedeutet, wenn ein Ball gegen das Tor rollt und wieder zurück ins Feld… und spielten weiter.	Meinungsverschiedenheit über Spielregeln vom Fußball 1.3. IM
Sandra Tina Malte	Frühstücken Malte sagt: "Nein! Nur Tiere sterben!" Die Kinder brachen das Gespräch ab, als ich mich ihnen näherte.	Sterben nur Tiere? 2.3 UO
Nico Lars	Sammeln im Außengelände Spielmaterial. Lars: Das ist nur für uns. Keiner darf was haben. Frau Muster fordert Lars und Nico auf Spielsachen abzugeben.	Spielzeug abgeben 3.3. LB

Kopiervorlage siehe Seite 168

V. ORDNER: PerLe-PROJEKTE

- **Situationsanalyse für PerLe-Projekte**
- **Grobziele**
- **Anwesenheitslisten**
- **2. Übungsbogen „Offene Fragen"**
- **Erfahrungen, Fragen, Wünsche und Ideen der Kinder**
- **Welche Grob- und Feinziele verbergen sich hinter den Fragen der Kinder?**
- **Aktivitäten**
- **Elterninformation**

4. Schritt:
Themen finden durch Situationsanalyse

Finden Sie Themen anhand Ihrer gesammelten Beobachtungen und Informationen

Situationsanalyse für PerLe-Projekte

> Fassen Sie Beobachtungen der Spiel- und Konfliktsituationen und Informationen aus Tür- und Angelgesprächen der vergangenen Wochen als Situationsanalyse zusammen und notieren Sie um welche Themen es sich handelt.

**Öffnen Sie sich für alle Themen.
Schließen Sie beispielsweise den Eisbären im Sommer nicht aus.
Auch den Astronaut, obwohl er so weit weg ist, lassen Sie bitte in ihren Kindergarten fliegen, wenn er Thema war in der letzten Zeit.**

Beispiele:

Datum: **Situationsanalyse für PerLe-Projekte** Reflektieren Sie Ihre gesammelten Beobachtungen und Informationen der vergangenen zwei bis drei Wochen.	
Sind Spiel- und/oder Konfliktsituationen immer wieder aufgetaucht?	Thema
Seit langer Zeit spielen die Kinder Szenen aus Fernsehfilmen nach. Sie bauen sich Pistolen, fallen um und sind tot. Sie sind Polizist und Dieb, Seeräuber und Kaiserin Sissi.	Fernsehen
Täglich brummen einige Kinder als Fahrzeuge durch den Kindergarten. Sie bauen im Sand Baustellen aus Brettern. Sie schrauben und hämmern mit Stöcken am Kletterhäuschen.	Baustelle oder Werkzeug
Gab es Zwischenfälle, die die Kinder / ein einzelnes Kind in Aufregungen versetzten?	Thema
Durch Kinder, die eingeschult wurden und plötzlich nicht mehr da sind, scheinen sich die Kinder untereinander neu zu sortieren. Es finden Machtkämpfe statt.	Wir sind stark
Welche Situationen, haben sich in Ihrem Kindergarten verändert oder werden sich verändern? Beispielsweise: Personal, Raum, Kinderzahlen	Thema
Seit ein paar Wochen besucht ein Kind mit Behinderung den Kindergarten.	Wie unterschiedlich sind wir?
Eine Erzieherin geht in den Ruhestand.	Wie können wir Frau Löffel verabschieden?

Kopiervorlage siehe Seite 171

Entscheiden Sie sich für ein Projektthema

Themen, die seit mehreren Wochen, bis heute interessant sind

> Die Motivation der Kinder ist bei Themen am größten, die Sie als Interessen der Kinder ermittelt haben.

Ihre Aufgabe besteht darin herauszufinden welches Thema seit mehreren Wochen für die Kinder interessant war und bis heute ist. Anschließend bieten Sie Aktivitäten an, die sich über mehrere Wochen oder Monate auf dieses Thema beziehen.

Schätzen Sie ab, welches Thema Ihrer Situationsanalyse für ein PerLe-Projekt geeignet ist.

Themen, die sich jährlich wiederholen

Es gibt Themen, die aus Erwachsenensicht für die Kinder von großer Wichtigkeit sind. Diese Themen wiederholen sich deshalb jährlich.

Beispiele:

- *Verkehrserziehung, die in der heutigen Zeit unumgänglich geworden ist. Sie dient der Sicherheit der Kinder im Straßenverkehr.*
- *kulturelle Feste*
- *Themen in kirchlichen Einrichtungen, auf die der Träger großen Wert legt.*

Situationen, die ein Thema erforderlich machen können

Es gibt Themen, zu denen Sie bestimmte Kinder zuordnen. Dies sind Themen, die eine gewisse Kindergruppe betreffen.

Beispiel:
Die Kinder haben Gruppen gebildet, diese bekämpfen sich täglich mehrmals...

Bei einem solchen Thema können Sie die streitenden Kinder gezielt einem Projekt zuordnen.
Notieren Sie sich die Namen dieser Kinder und teilen Sie ihnen mit, dass auch sie Teilnehmer des kommenden Projektes sein werden. Natürlich nur, wenn sich diese Kinder noch nicht freiwillig dem Projekt zugeordnet haben.

Ein situatives Thema eignet sich nicht für ein PerLe-Projekt

Schätzen Sie ab, ob ein Thema »*situativ*« aufgegriffen wird.

Nicht geeignet sind Themen, die situativ (d.h. mit wenigen Aktivitäten) behandelt werden können.

Beispiel:

Die Kinder sehen einen Schmetterling und möchten wissen, wie der heißt und was er frisst. Weiterhin interessieren sich diese Kinder nicht für diesen Schmetterling. Daher beenden Sie dieses Thema.

Situativ arbeiten Sie fast mehrmals täglich. Dies ergibt sich durch die Neugierde der Kinder, die oft sofort Fragen stellen, oder emotional aufgebracht nach Lösungen für ihr aktuelles Problem suchen. Diese Fragen greifen Sie zeitnah auf und nach relativ kurzer Zeit ist das entsprechende Thema abgeschlossen.

5. Schritt:
Projekt-Begleiter

Entscheiden Sie, welche Person das Projekt begleiten soll

Projekt-Begleiter-Kriterien

**Wenn Sie während einer Teambesprechung überlegen
wer das Projekt begleiten soll, bedenken Sie folgende Kriterien:**

Thema schon einmal gemacht

Die Fragen der Kinder sind die Grundlage der PerLe-Projekte. Daher ist jedes dieser Projekte einzigartig, auch wenn sich ein Thema jährlich wiederholen sollte.
Jedes Jahr nehmen andere Kinder teil und somit werden andere Fragen aufkommen. Die Folge ist: Es werden jeweils andere Aktivitäten dazu angeboten als im Vorjahr.

Sie haben keine Ahnung von diesem Thema

Wenn Sie feststellen: „Von diesem Thema habe ich keine Ahnung!" Dann sind Sie wahrscheinlich genau die richtige Begleitperson für dieses Projekt.
Jedes Projekt knüpft an den derzeitigen Wissensstand der Teilnehmer an, alle suchen gemeinsam nach Antworten. Experten werden gefragt und Sie gehen gemeinsam mit den Kindern auf eine Entdeckungsreise durch Bücher, Filme, Exkursionen, Experimente, spielerisches Ausprobieren... Am Ende dieser Reise werden auch Sie eine Menge gelernt haben.

Mehrere Projekte gleichzeitig?

Die Kinder sind oft kaum zu bremsen, wenn sie ein PerLe-Projekt miterleben dürfen. Oft sind sie am Bitten und Fordern: „Wann machen wir weiter?"
Während eines Projekts wird von Ihnen viel Spontanität, Einfühlungsvermögen und Zeit verlangt. Zeit für Reflexion und Planung, für flexible weitere Vorgehensweisen. Daher bin ich der Meinung, dass zwei Projekte zur gleichen Zeit zu viel des Guten sind.

Mehrere Personen begleiten dasselbe Projekt

Es gibt Projekte, die in Untergruppen unterteilt werden.

Beispiel:
Sie geben ein Thema bekannt. Plötzlich melden sich sehr viele Kinder, die an dem Projekt teilnehmen möchten.

In einem solchen Fall können Sie Untergruppen bilden. Für jede Untergruppe kann ein anderer Projektbegleiter zuständig sein.

6. Schritt:
Zeitraum

Überlegen Sie in welchem Zeitraum Sie das Projekt anbieten möchten

Die Zeit

*Jeder Tag ein Augenblick,
jedes Jahr ein Tag.*

*Eine Minute eine Ewigkeit.
Was ist das für eine Zeit?*

Zeit planen

Überlegen Sie, wann Sie mit dem Projekt beginnen und zu welcher Tageszeit Sie die Aktivitäten anbieten.

Greifen Sie das Thema frühzeitig auf

Die Interessen der Kinder verlagern sich.

Beispiel:
Die Kinder spielen seit mehreren Wochen Polizei. Es vergehen nun weitere vier Wochen und Sie beobachten dieselben Kinder, die nun täglich Käfer sammeln, dafür Häuser bauen, sie füttern, ihnen Namen geben etc. Kein Kind spielt nun mehr Polizei.

Wenn Sie nun ein Treffen organisieren und den Kindern berichten: „In der nächsten Zeit geht es um das Thema „Polizei", dann ist die Neu-gierde der Kinder, bezogen auf das Polizeithema bereits verflossen und Sie müssen in diesem Fall die Interessen der Kinder neu wecken. Denn neugierig sind die Kinder derzeit auf die kleinen Krabbeltiere im Außengelände und sie interessieren sich weniger für das Thema Polizei.

Bei einem PerLe-Projekt greifen Sie dieses Thema auf so lange es aktuell ist oder Sie greifen dieses Thema nicht auf, wenn es, aus welchen Gründen auch immer, zu diesem Zeitpunkt nicht möglich ist.

„Carpe diem." (Nutze den Tag.)

Horaz

Aktivitäten während der Freispielzeit

Während der Freispielzeit können sich Kleingruppen aus der Projektgruppe treffen und Verschiedenes erledigen.

Beispiel:
Es sollen Plakate entworfen werden. Eine Kleingruppe aus der Projektgruppe hat sich für diese kreative Arbeit bereiterklärt. Nun sitzen Sie während der Freispielzeit mit diesen drei Kindern an einem Tisch und fragen:
Wie können wir ein Plakat machen? Für was werden Plakate benutzt? Sie besprechen mit den Kindern wie groß das Plakat werden soll. Dann gehen Sie mit den Kindern auf Materialsuche. Schließlich lassen Sie die Kinder die Plakate entwerfen.
Manchmal kommen neugierige Kinder, die nicht zu der Projektgruppe gehören, hinzu und wollen helfen.

Schätzen Sie mit den Kindern der Projektgruppe ab, ob sie diese Hilfsbereitschaft annehmen möchten oder dankend ablehnen.

Zeitliche Begrenzung

Wenn ein Termin wie die Einschulung, ein Fest [...] ansteht, sollten Sie das Projekt zeitlich begrenzen. In solchen Fällen ist es sinnvoll, früh genug mit dem Thema zu beginnen, damit die Kinder Zeit haben.
Sie können dann in Ruhe denken, ausprobieren, phantasieren, argumentieren, experimentieren oder sich informieren.

Dauer einer Aktivität

Planen Sie für eine Aktivität mindestens 30 - 40 Minuten ein.
Sollte die Aktivität weniger Zeit in Anspruch nehmen, können Sie das Treffen eher beenden. Dauert es länger als Sie Zeit haben, ist es sinnvoll Notizen über dieses Treffen zu haben. Diese können Sie oder ein Stellvertreter in einem weiteren Treffen vorlesen und somit an das vorherige anknüpfen.

Beispiel:
Die Kinder sind oft kaum zu bremsen, wenn sie mitteilen dürfen, was sie schon über ein bestimmtes Thema wissen und für was sie sich momentan interessieren.

In einem solchen Moment teilen sich die Kinder gegenseitig ihre Erlebnisse und Erfahrungen mit.

Ich erlebe immer wieder, wie die Kinder und ich in diesen Gesprächssituationen ein Gefühl von Zeitlosigkeit erleben dürfen. Im positiven Sinn. Die Zeit verfließt so schnell, wie an einem lang ersehnten, wunderschönen Tag.

7. Schritt:
Grobziele

Beschreiben Sie die Grobziele, die Sie durch das kommende Projekt erreichen möchten

Grobziele des Projekts

Wenn Sie sich für ein Thema entschieden haben, machen Sie sich Ziele bewusst, die auf das Projektthema bezogen sind.

Hierzu schildere ich Ihnen ein Beispiel, das auf einer wahren Begebenheit beruht.

Laut einzelner Kinder sollte sich eine „schwarze Hexe" in dem Wohngebiet und besonders in der Nähe des Kindergartens befinden. Auch zu Hause unterhielten sich die Kinder über diese „schwarze Hexe", so berichteten manche Eltern.
Seit mehreren Wochen spielten die Kinder fast täglich Rollenspiele in denen Hexen vorkamen. Ein Kind brachte die ganze Gruppe in Aufregung, als es am Fenster stand und behauptete, in diesem Moment die schwarze Hexe zu sehen...

Den weiteren Verlauf dieses Beispiels erfahren Sie in den folgenden Abschnitten.

Projektthema: *Hexe „schwarze Hexe"*

Datum:

Grobziele des Projekts

Projektleiter/in:

Ich möchte herausfinden, wie die Kinder auf die Idee kommen, es würde eine schwarze Hexe geben. Den Kindern soll vermittelt werden, dass die schwarze Hexe eine Phantasiegestalt ist, die sie nicht bedrohen kann.

Kopiervorlage siehe Seite 173

8. Schritt:
Projekt-Teilnehmer

Überlegen Sie, welche Kinder an dem Projekt teilnehmen können und gegebenenfalls sollen

Teilnehmerkriterien

Größtenteils beteiligen sich Kinder freiwillig an einem PerLe-Projekt. In Ausnahmefällen entscheiden Sie, welche Kinder an einem bestimmten Projekt teilnehmen sollen.

Kinder, die sich freiwillig beteiligen

Da die Entwicklungsdauer der Kinder unterschiedlich ist, sind die folgenden Angaben nicht exakt. Sie sind vielmehr Richtwerte, an denen Sie sich orientieren können.

Kinder ab 4½ Jahren

Die meisten Kinder Ihrer Projektgruppe sollten über 4½ Jahre alt sein. Mit diesem Alter sind die Kinder bereits in Ihrer Entwicklung so weit gereift, dass sie mit offenen Fragen umgehen können. Außerdem sind sie bereits fähig, eigene Vorstellungen mündlich auszudrücken und Zusammenhänge zwischen den einzelnen Aktivitäten zu verstehen.

Dreijährige Kinder

Manche Themen können schon für Dreijährige sehr interessant sein und diese noch so jungen Kinder möchten ihren Beitrag dazu leisten.

Beispiel:
Ein dreijähriges Mädchen dachte sich mit sieben älteren Kindern eine Geschichte aus. Diese wurde ein Teil einer Zeitung von Kindern für Kinder.
Die kleine Redakteurin schwieg eine lange Zeit, bis von ihr ein Vorschlag kam, der dem Verlauf dieser Geschichte ein Weiterkommen verlieh.
Erst kürzlich traf ich nach vielen Jahren die Mutter des heute 14 jährigen Mädchens. Sie sagte mir, dass ihre Tochter Journalistin werden möchten und bereits ein Praktikum in diesem Berufszweig absolvierte.

Wenn sich ein dreijähriges Kind freiwillig zugeordnet hat, beachten Sie bitte, wie die anderen Kinder dieses noch so junge, interessierte Kind mit einbeziehen.
Unterstützen Sie die Kinder bei dieser sozialen Leistung.

Es gibt meistens kleine und dennoch wichtige Handgriffe, die auch schon Dreijährige ausführen können. Beispielsweise etwas abschneiden, bringen oder festhalten.

Kinder, die unsere Sprache nicht beherrschen, können an den Projekten teilnehmen

Für Kinder, die eine weitere Sprache lernen sollen, eignen sich die PerLe-Projekte ebenfalls.

Diese Kinder verfolgen das Geschehen und möchten sich den anderen mitteilen. Sie spüren dabei wie wichtig es für die Kinder ist die Sprache des Landes zu sprechen in dem sie derzeit leben.

Kinder von 0-2 Jahren können an einem Projekt beteiligt werden

Die meisten Kinder unter drei Jahren sind durch ihren Entwicklungsstand noch nicht an tief greifenden Dingen interessiert und somit wahrscheinlich keine freiwilligen Projektteilnehmer. Sie können jedoch als Beteiligte in ein Projekt mit einbezogen werden.
Beispiel:
Die Kinder gestalten Matschbilder aus Kleister und Farbe als Raumdekoration für ein Bistro, das die älteren Kinder einrichten möchten.

Kein Kind ist zu alt für ein Perle Projekt

Auch groß gewordene Kinder, die schon in Rente gegangen sind könnten noch Spaß an einem PerLe-Projekt haben. Demnach wird es vermutlich kein Kind in Ihrem Kindergarten geben, das zu alt für ein PerLe-Projekt ist.

Kinder, die an einem Projekt teilnehmen sollen

Themen, die das Überleben sichern und kulturelle Themen

Diese Zuweisung ist nötig bei Themen, die aus Erwachsenensicht für die Kinder von großer Wichtigkeit sind. Diese Themen wiederholen sich deshalb jährlich.
Beispiele:

- Verkehrserziehung, die in der heutigen Zeit unumgänglich geworden ist. Sie dient der Sicherheit der Kinder im Straßenverkehr.
- kulturelle Feste
- Themen in kirchlichen Einrichtungen, auf die der Träger großen Wert legt.
- Situationen, die ein Thema erforderlich machen können
- Beispiel: *Die Kinder haben Gruppen gebildet, diese bekämpfen sich täglich mehrmals...*

Bei einem solchen Thema notieren Sie sich die Namen dieser Kinder und teilen Sie ihnen mit, dass auch sie Teilnehmer des kommenden Projektes sein werden. Natürlich nur, wenn sich diese Kinder noch nicht freiwillig für das Projekt gemeldet haben.

9. Schritt:
Thema bekannt geben

Geben Sie allen Kindern das Thema bekannt und stellen Sie fest, welche Kinder sich zurzeit für dieses Thema interessieren

© Igor Yaruta - Fotolia.com

Die Großversammlung

Alle Kinder über das bevorstehende Thema informieren. Sichtbar machen wer an dem Projekt teilnehmen möchte.

> Während einer Großversammlung finden Sie heraus wer sich an diesem Projekt freiwillig beteiligen möchte.

Sie haben sich bereits für ein Thema entschieden und wissen wer das Projekt begleiten soll. Der Zeitpunkt für den Beginn des Projektes steht fest.

Informieren Sie die Kinder

Informieren Sie alle Kinder der Institution und notieren Sie anschließend die Namen der freiwilligen Teilnehmer.
In einer Großversammlung stellen Sie den Kindern das Thema einfach, kompakt und verständlich vor.

Beispiel:
„Bald beginnt hier im Kindergarten ein neues Projekt. Es geht dabei um euren Körper mit Armen, Beinen, Bauch und Muskeln."

Die genaue Benennung des Themas überlegen Sie sich gemeinsam mit den Projektteilnehmern, wenn deutlich wurde welche gezielten Fragen die Kinder zu dem Thema haben.

Informieren Sie Kinder, die an diesem Tag gefehlt haben, damit sie sich gegebenenfalls nachträglich in die Teilnehmerliste eintragen lassen können.

Ehe Sie nun fragen: „Wer möchte mitmachen?", überlegen Sie sich eine Methode, mit der Sie und die Kinder optisch erkennen können, welche Kinder freiwillig an dem Projekt teilnehmen möchten.

An dieser Stelle möchte ich noch einmal auf die Motivation der Kinder hinweisen.

Sobald die Kinder erfahren, um welches Thema es sich handelt, wissen sie worum es geht. Denn die Kinder haben sich bereits mehrere Wochen mit diesem Thema befasst.

Sie brauchen deshalb keine Geschichten oder Materialien, die dazu dienen sollen, die Kinder für das Thema zu motivieren. Die Motivation ist bereits vorhanden, sie kam aus den Kindern selbst (intrinsische Motivation).

Um diese Aussage zu verdeutlichen, und um Ihnen nützliche beziehungsweise nicht geeignete Möglichkeiten vorzustellen, folgen nun mehrere Beispiele.
Sie können selbstverständlich eigene kreative Ansätze wählen, mit denen Sie und die Kinder optisch erkennen können, wer ein Projektteilnehmer werden möchte.

Tuch, auf dem Steine liegen (Die Entscheidung der Kinder ist nicht eindeutig)

Beispiel:
Auf einem Tuch in der Mitte des Raumes liegen viele Steine. Sie fordern die Kinder auf: „Jeder, der an dem Projekt teilnehmen möchte, nimmt sich einen Stein."

Mit dieser Variante könnten Sie in eine verzwickte Lage kommen. Denn hierbei kann passieren, dass es manchen Kindern in diesem Moment um zwei Entscheidungen geht:

1. Möchte ich einen Stein haben?
2. Möchte ich am Projekt teilnehmen?

Sie beabsichtigen jedoch herauszufinden, wer am Projekt teilnehmen möchte. Wie im beschriebenen Beispiel wird es anschließend schwierig sein herauszubekommen, wer sich den Stein genommen hat, weil er einen Stein wollte, und wer von den Kindern nun tatsächlich am Projekt teilnehmen möchte.

Melden mit Handzeichen (kann für manche Kinder anstrengend sein)

Beispiel:
Sie sagen: „Wer an dem Projekt teilnehmen möchte, hebt bitte die Hand!"

Diese Möglichkeit ist jedoch, wenn es viele Projektteilnehmer sind, sehr anstrengend für die Kinder, die als letzte aufgeschrieben werden.

Bilder (Die Entscheidung der Kinder ist nicht eindeutig)

Beispiel:

Angenommen Sie legen zwei Bilder auf den Boden. Auf dem einen Bild ist ein selbst gezeichneter Ball und auf dem anderen Bild ist ein glitzernder Zauberhut abgebildet.

Sie ahnen schon was passieren kann?
Alle Kinder, zumindest die meisten laufen zu dem tollen Zauberhut, weil er glitzert. Das bedeutet, sollte ein Bild schöner sein als das andere, dann werden manche Kinder zu dem schöneren Bild laufen. Abgesehen von dem Projektthema. Die Kinder hätten sich demnach nicht für das Thema entschieden, sondern für das schönere Bild.

Diese Ecke (nützlich)

Beispiel:
Sie sagen: „Wer an dem Projekt teilnehmen möchte, setzt sich bitte auf diesen Teppich." - Oder „... in diese Ecke."

Diese Variante zeigt optisch, nicht nur Ihnen, sondern auch den Kindern, wer am Projekt teilnehmen wird.

Sie können Ecken, Tische, Teppiche auf/an die sich die Kinder setzen sollen benutzen oder ein Seil um den Raum optisch zu trennen.

Hilfestellung für unentschlossene Kinder

Viele Kinder können sich spontan entscheiden, anderen fällt die Entscheidung jedoch manchmal schwer.

1. Beispiel:
Ein Kind läuft zur Gruppe hin, und gleich wieder weg. Dies wiederholt sich.

Letztlich braucht dieses Kind eine Hilfestellung, um sich selbst entscheiden zu können.

2. Beispiel:
Ein Kind möchte, wegen seines Freundes an einem Projekt teilnehmen. Nicht im Hinblick auf das Thema selbst.

Diese Entscheidung hat einen berechtigten Grund. Wie verhalten Sie sich nun?

Hinterfragen Sie die Situation des Kindes

Beispiel:
Ein Kind setzt sich zu den zukünftigen Projektteilnehmern, im nächsten Moment steht es wieder auf und setzt sich zu den Kindern, die sich zurzeit nicht für dieses Thema interessieren.

In einem solchen Fall können Sie die Situation des Kindes hinterfragen.
Beispiel:
Sie stellen eine offene Frage: „Ich sehe, du läufst mal hierhin und dann wieder zurück. Ich verstehe nicht, was du gerade tust. Kannst du mir das erklären?"

Dieses Kind wird in diesem Moment angeregt laut zu denken, sodass Sie die Gedanken des Kindes nachvollziehen können.

Die Antwort des Kindes könnte lauten: „Tom geht nicht mit, der ist doch mein Freund!"

Wenn Sie nun dem Kind gegenüber Verständnis ausdrücken: „Ja, das verstehe ich. Die Entscheidung fällt dir im Moment nicht leicht. Hast du Tom gefragt, ob er auch teilnehmen möchte?" Dann können Sie mit dem Kind gemeinsam eine Lösung für seine Unentschlossenheit finden. Zu schwirig für Kinder in diesem Alter sind jedoch „Warum"-Fragen. Beispiel: *„Warum machst du das?"*

Ein bisschen Nachdruck

Wenn Sie Druck auf das Kind ausüben und es auffordern: „Na mach schon, wir warten alle auf dich!", mag das bei manchen Kindern funktionieren. Nur macht es die Entscheidung des Kindes nicht leichter. Im Gegenteil.

Durch Druck wird das Kind versuchen Ihrer Aufforderung zu folgen, um Ihnen zu gefallen und Ihre Anerkennung zu bekommen. Sinn soll es jedoch sein, dass das Kind sich bewusst, das heißt: Mit eigener Überlegung dem Projekt zuwendet oder abwendet. Diese Entscheidung soll es nicht im nächsten Moment wieder bereuen.

Sie können dem Kind anbieten, dass es sich das Projekt erst einmal ansieht

Diese Methode ist sinnvoll, da dem Kind die Gelegenheit gegeben wird in Ruhe über sich selbst nachzudenken. Außerdem wird ihm bewusst, welche Folgen diese Entscheidung mit sich trägt. Und es kann sich gegebenenfalls nach dem ersten Treffen einfacher entscheiden.

Ein Kind nimmt nicht aus eigenem Interesse am Projektthema teil, sondern wegen seines Freundes

Günstigstenfalls kann durch dieses Mitlaufen folgendes passieren. Das Kind verfolgt das Geschehen während des Projektes und findet mit der Zeit Gefallen an dem Thema.
Wenn dieses Kind jedoch während des Projektes spürt, dass es lieber doch nicht mitgemacht hätte, dann lassen Sie es bitte nicht ohne Hindernis dieses Projekt verlassen. Denn aus Fehlern lernt man, heißt es so schön und so ist es auch.

Wie verhalten Sie sich, wenn ein Kind die Projektgruppe frühzeitig verlassen möchte

Manchmal könnte es vorkommen, was ich bei PerLe-Projekten noch nicht erlebt habe, dass sich ein Kind während eines Projektes plötzlich entscheidet dieses Thema nicht weiter behandeln zu wollen.

In einer solchen Situation fordern Sie zunächst das Kind auf sich zu der Projektgruppe zu begeben. Erzählen Sie dem Kind wie wichtig es nun für die gesamte Projektgruppe geworden ist und das es deshalb jetzt diese Gruppe nicht, mal eben so, verlassen kann.

Dem Kind soll bewusst werden, in welche Situation es sich selbst gebracht hat und wie es dazu kam. Deshalb überlegen Sie mit diesem Kind unter vier Augen, wie es in diese Situation hineinkam.
Wie es dazu kam, dass es sich zu einem Projekt gemeldet hat, wozu es jetzt kein Interesse mehr hat.
Wie es jetzt weitergehen soll. Was stellt sich das Kind vor? Was stellen Sie sich vor?
Sie und das Kind gemeinsam entscheiden schließlich, ob es die Projektgruppe tatsächlich verlässt.

So erfährt das Kind, das Sie es ernst nehmen, zu ihm stehen, es brauchen und dieses Kind verstehen möchten.

Anwesenheitsliste

> Durch die Anwesenheitsliste bekommen Sie eine Übersicht über die Teilnehmer mehrerer Projekte. Das heißt, wenn Sie innerhalb eines Jahres mehrere Projekte anbieten, können Sie anhand dieser Anwesenheitslisten feststellen, welches Kind sich für welche Projekte entschieden hatte.

Interessierte und interessenlose Kinder

Sie finden anhand der Anwesenheitslisten im Vergleich sehr interessierte Kinder und Kinder, die sich gegebenenfalls nie freiwillig entscheiden an einem Projekt teilzunehmen.

Diesen Kindern „ohne Interessen" können Sie eventuell etwas Mut zusprechen und ihnen erläutern, wie wichtig sie für Ihre Projektgruppe sein könnten. Zeigen Sie den Kindern ihre Stärken auf und erklären beispielsweise:

„Ich weiß, dass du gut malen kannst. Und in der Projektgruppe brauchen wir dringend einen guten Maler. Denn wir werden ein Bühnenbild gestalten. Ohne dich weiß ich nicht, wie wir das hinbekommen."

Sollten Sie eine solche Situation schaffen, dann ist es wichtig, dass dieses Kind an dem Tag, an dem ein Bühnenbild gestaltet wird, anwesend ist. Wenn möglich eine Hauptrolle bei der Gestaltung des Bühnenbilds übernehmen. Sollte dieses Kind an diesem Tag fehlen, verschieben Sie die Gestaltung des Bühnenbildes auf einen anderen Termin. Sonst werten Sie die Leistung des Kindes ab, da Sie es ersetzen und so dessen Einzigartigkeit abschwächen.

Projektthema: **Räume für Weihnachten dekorieren**

Anwesenheitsliste

Projektbegleiter:

Teilnehmer	Datum:	Datum:	Datum:	Datum:	Datum:	Datum:	Datum:	Datum:	Datum:	Datum:	Datum:	Datum:	Datum:
Dora K.													
Rudolf M.													
Roschbin Ö.													
Motschi A.													
Lola													
Winni													
Robert													
Sina													
Ilse													
Cora													
Bert													
Jule													
Jacob													
Mareike													

Kopiervorlage siehe Seite 174

10. Schritt:
Das erste Treffen

Vor allen anderen Aktivitäten ermitteln sie Interessen, Wünsche und Erfahrungen der Kinder, die sich auf das Projektthema beziehen

Intrinsische Motivation

(intrinsisch = von innen heraus)

Wie kam es dazu, dass Sie im Moment diese Worte lesen? - Warum lesen Sie weiter?

Spätestens jetzt schlagen Sie das Buch zu, wenn Sie den Titel ansprechend fanden, an dem Inhalt jedoch nicht interessiert sind.
Ich freue mich, dass Sie weiter lesen. Denn diese Stelle des Buches ist besonders wichtig.

Bei einem PerLe-Projekt kommt die Motivation aus den Kindern selbst.

Sie haben diese Motivation bereits erkannt und aufgegriffen, indem Sie ein Projektthema anhand der Situationsanalyse wählten. Demnach ist die Motivation der Kinder schon da. Also könnten Sie theoretisch sofort mit den Aktivitäten beginnen. Tun Sie aber nicht, weil Sie die Neugierde der Kinder bis zum Ende des Projekts erhalten wollen.

Dies gelingt Ihnen, wenn Sie

- hauptsächlich Unterthemen des Hauptthemas als Aktivitäten anbieten, für die sich die Kinder Ihrer Gruppe derzeit interessieren,
- und nebenbei Inhalte vermitteln, die Sie sich als Grobziele überlegt haben; beziehungsweise, die Sie selbst für momentan wichtig oder sogar lebensnotwendig betrachten.

Themen - Unterthemen

Beispiel: **Thema Feuerwehr**

Allgemeine Unterthemen:

Die Personen der Feuerwehr, Einsatzmöglichkeiten Zusammenarbeit mit Polizei, Notruf durchführen, Menschen, Tiere, Natur in Not, Geräte der Feuerwehr	*Kleidung, Fahrzeuge, Signale, Rufnummern, Gebäude, Brandursachen*	*Feueralarm, Brandarten, Geschichte der Feuerwehr, Feuerlöscher, Wasserschaden...*

lebensnotwendige Themen:

- Brandgefahren im Kinderzimmer
- Wann und wie können Kinder die Feuerwehr rufen

© Stefan Körber - Fotolia.com

Unterthemen, für die sich die Kinder Ihrer Projektgruppe interessieren

Beispiel:

„Ich möchte wissen wo die Feuerwehrleute schlafen"

„Was machen die, wenn ein Haus brennt und jemand ist noch drin?"

„Mein Papa ist bei der Feuerwehr, der hat ein Piepgerät..."

„Wohnen die Feuerwehrmänner im Feuerwehrhaus?"

„Ich möchte wissen wie ein Spreitzgerät funktioniert"

„Ich würde gerne einmal auf einer Drehleiter stehen"

Erfahrungen der Kinder

Sie finden heraus, ob ein Kind aus eigener Erfahrung über das Projektthema berichten kann und wollen wissen, was jedes einzelne Kind Ihrer Projektgruppe bereits in Bezug auf das Projektthema weiß. Erkennen Sie worüber die Kinder im Irrglauben sind und was sie bereits wissen.

Interessen der Kinder

Sie haben bereits ein aktuell interessantes Thema aufgegriffen. Anschließend erfahren Sie, welche Fragen die Kinder zu diesem Thema haben, was ein einzelnes Kind besonders interessiert und welches Unterthema mehrere Kinder besonders neugierig macht.

Wünsche der Kinder

Zuerst möchte ich die Art dieses Wunsches näher erklären.

Wenn wir das Wort Wunsch hören, verbinden wir dieses schnell mit Geschenk. In dem Sinne: Jemand wünscht sich etwas und wenige Tage später bekommt er es geschenkt. Um diese Art Wunsch geht es bei einem PerLe-Projekt nicht, vielmehr geht es um Wunschvorstellungen.

Ein paar Kinderwünsche als Beispiel zum Thema Feuerwehr:

„Ich möchte einmal auf einer Drehleiter stehen!"

„Ich möchte eine Feuerwehrfrau sein!"

Um einen solchen Wunsch in eine Tat umsetzen zu können, benötigt es oftmals großen Einsatz Ihrerseits. Beispielsweise: Wenn Sie ermöglichen möchten, dass die Kinder einmal auf einer Drehleiter stehen können.

Manche Wünsche der Kinder können Sie nicht erfüllen. So können Sie vermutlich aus dem Kind Ihrer Gruppe kein echtes Feuerwehrkind machen. Demzufolge bleibt dieser Wunsch dem Kind erhalten. Vielleicht wird es irgendwann aus eigener Initiative Feuerwehrfrau. Folglich könnte ein Thema einer Aktivität lauten: „Wie könnte ich Feuerwehrfrau werden?"

Bedürfnisse

Nun versuche ich mit möglichst wenig Worten dieses umfangreiche Thema auf den Punkt zu bringen – in Bezug auf die Projektarbeit.

Deshalb schildere ich Ihnen ein Beispiel:
Während einem PerLe-Projekt, das ich anbot saßen etwa 10 Kinder anständig in einem Kreis und überlegten schon 20 Minuten lang. Sie suchten einen Filmtitel für den Film den sie drehen wollten.
Plötzlich fragte eines der Kinder: „Darf ich auf das Sofa?" Nach kurzer Überlegung antwortete ich: „Ja! Ihr müsst nicht hier sitzen, ihr dürft euch auch bewegen."
Strahlen in den Kinderaugen. Der Kreis löste sich sofort. Die Kinder blieben nachdenklich.
Das Mädchen ging zum Sofa und machte einen Handstand gegen die Wand. Wenige Sekunden später kam die Blitzidee: „Ich hab´s!" rief sie erfreut. Alle waren gespannt. „Wir drehen einen Gruselfilm!"
Diese Idee wurde von allen begeistert angenommen...

Wenn dieses Mädchen erwachsen ist, wird es in einem Meeting keinen Kopfstand machen. Aber vielleicht hat sie bis dahin gelernt auf Ideen zu kommen, indem sie auf und ab läuft; also ihren Körper in Bewegung bringt.

Versuchen Sie auf die Bedürfnisse, die sich spontan ergeben einzugehen. Dies bedeutet nicht, dass die Kinder alles machen können, was ihnen gerade einfällt. Sozialverhalten bleibt eine wichtige Priorität und dies allein setzt viele Grundregeln voraus.

„Wir sollten Achtung haben vor den Geheimnissen und Schwankungen der schweren Arbeit des Wachsens!"

(Korczak, J)

Das erste Treffen:
Erfahrungen, Wünsche und Interessen der Kinder, bezogen auf das Projektthema, ermitteln

Ermessen Sie welche Aktivität Sie bei Ihrem Projekt zuerst anbieten.
Gruppenarbeit: Dabei ermitteln Sie Erfahrungen/Wissensstand.
Gespräch: Hierbei ermitteln Sie Erfahrungen, Interessen und Wünsche

> Letztlich sollen Sie über Erfahrungen, Interessen und Wünsche der Kinder wissend sein.

Gruppenarbeit

Ermitteln Sie Erfahrungen und den aktuellen Wissensstand der Kinder – bezogen auf das Projektthema

Mit dem Gespräch hingegen finden Sie Interessen, Wünsche und Erfahrungen der Kinder.

Wenn sich zwei Menschen begegnen und plötzlich feststellen, dass sie sich für dasselbe Thema interessieren, teilen sich diese beiden wenige Minuten später mit, wer bisher was über dieses Thema weiß. Genau diesen Austausch können Sie mit einer Kindergruppe praktisch durchführen.

> Durch die anschließende Reflexion können Sie und die Kinder feststellen, was die Kinder denken, bereits wissen oder vermuten: und was sie schon bezogen auf dieses Thema erfahren bzw. gelernt haben.

Dokumentation in Form von Zeichnungen

Umschreiben Sie den Kindern grob, um welches Projektthema es geht. Fordern Sie anschließend die Kinder auf Bilder zu zeichnen.

Der Sinn dieser Zeichnungen ist mit dem Schreiben zu vergleichen. Wer schreibt, teilt seinen Mitmenschen durch die Möglichkeit der Buchstaben etwas mit. Diese beherrschen die Kinder jedoch noch nicht. Anstatt Buchstaben verwenden Sie daher schlichte Zeichnungen. Sorgfältig ausgemalte Bilder wären zu aufwendig für die Kinder, die über mehrere Erinnerungen berichten möchten.
Legen Sie genügend (maximal DIN A5 große) Blätter bereit. Jedes Kind soll zeichnen, was ihm zu diesem Thema spontan einfällt. Jede Erinnerung soll auf einem extra Blatt gezeichnet werden.

Reflexion mit den Kindern

Wenn alles was wichtig ist gezeichnet wurde, legen Sie jeweils ein Bild in die Mitte eines Sitzkreises oder kleben es an eine Wand. Der Gestalter dieses Bildes erklärt seine Zeichnung und berichtet anschließend seine dazugehörige Geschichte. So ergänzen Sie die Bilderwand bis die letzte Zeichnung hängt.

Die Kinder haben nach dem Treffen die Möglichkeit alle Bilder in Ruhe noch einmal zu betrachten und diese Eindrücke zu verarbeiten. Außerdem können sie anderen Interessierten die Geschichten erneut erzählen.

Tipp:

Wenn Sie keine große leere Wandfläche haben, können Sie die Zeichnungen in einen Schnellhefter mit Klarsichthüllen heften und den Kindern zur Verfügung stellen.

Gespräch

Ermitteln Sie die Erfahrungen, Wünsche und Interessen der Kinder

Stellen Sie sich vor, alle Projektteilnehmer haben sich versammelt und sitzen nun gespannt vor Ihnen, um etwas über dieses Thema zu erfahren.
Sie als Projektbegleiter haben einen Zettel und einen Stift in der Hand und begrüßen die Kinder.
Bis jetzt weiß noch niemand wo das Projekt hinführen wird. Weder Sie noch die Kinder.

Sie beginnen das Gespräch, indem Sie den Kindern grob beschreiben, um welches Thema es geht. Daraufhin stellen Sie den Kindern „Offene Fragen", um herauszufinden, welche Details die Kinder an diesem Thema besonders interessieren.

Offene Fragen

> Verwenden Sie für dieses Gespräch unbedingt „Offene Fragen", nur so stellen Sie fest, was die Kinder wirklich denken.

Wenn Sie nun genau überlegen, was Sie den Kindern gegenüber sagen bzw. fragen, finden Sie wahrhaftig heraus, was die Kinder denken.

Sie dagegen möchten an dieser Stelle wissen was das Kind interessiert und welche Vorstellungen und Erinnerungen es hat.

© Serhiy Kobyakov - Fotolia.com

Diese Rollenverschiebung sind manche Kinder und Erwachsene nicht gewohnt. Deshalb gelingt dieses Gespräch beim ersten Mal eher mühsam. Vielleicht warten die Kinder auf Appelle und Sie auf aussagekräftige Antworten.

Im folgenden Abschnitt können Sie sich selbst testen. Vielleicht verwenden Sie bereits in Ihrer täglichen Arbeit mit den Kindern bewusst „Offene Fragen". Dann ist die folgende Übung für Sie ein Kinderspiel.

2. Übungsbogen „Offene Fragen"

Versuchen Sie im folgenden Abschnitt die Fragen zum Beispielthema Pferde in „Offene Fragen" umzuwandeln und überprüfen Sie diese im Feld Antwortmöglichkeiten.

- Siehe Seite 61 -

Zuerst beantworten Sie die bereits gestellten Fragen in der zweiten Spalte „Antwortmöglichkeiten".

Anschließend denken Sie sich eigene Fragen aus. Natürlich „Offene Fragen" mit denen Sie die Interessen, Erfahrungen und Wünsche der Kinder ermitteln könnten. Diese Fragen schreiben Sie in die dritte Spalte unter „Offene Fragen".

Überprüfen Sie Ihre Frage in der Spalte „Antwortmöglichkeiten".

Sie können Ihr Ergebnis mit dem bereits ausgefüllten Übungsbogen auf der darauffolgenden Seite vergleichen.

Beispiele:

2. Übungsbogen „Offene Fragen"

Das Thema *Pferde* beschäftigt die Kinder seit mehreren Wochen.
Versuchen Sie Offene Fragen zu diesem Thema zu formulieren!

Dies sind keine Offenen Fragen	Antwort-möglichkeiten	Offene Frage	Antwort-möglichkeiten
Wollt ihr wissen, was die Pferde fressen?			
Ich weiß wo eine Pferdeweide ist, sollen wir dort hingehen?			
Könnt ihr ein Pferd basteln?			
Pferde gab es auch bei den Indianern, wisst ihr das?			
Sollen wir ein Bilderbuch vom Pferd anschauen?			
Könnt ihr springen, wie ein Ponnypferdchen?			
Wollt ihr mal mit einer Pferdekutsche fahren?			
Hat es euch Spaß gemacht?			
Bist du glücklich?			

Kopiervorlage siehe Seite 185

Ausgefüllter 2. Übungsbogen

2. Übungsbogen „Offene Fragen"

Das Thema *Pferde* beschäftigt die Kinder seit mehreren Wochen.
Versuchen Sie Offene Fragen zu diesem Thema zu formulieren!

Dies sind keine Offenen Fragen	Antwortmöglichkeiten	Offene Frage	Antwortmöglichkeiten
Wollt ihr wissen, was die Pferde fressen?	„Ja" „Nein"	Was wollt ihr über Pferde wissen?	Viele
Ich weiß wo eine Pferdeweide ist, sollen wir dort hingehen?	„Ja" „Nein"	Wo habt ihr schon einmal Pferde gesehen?	Viele
Könnt ihr ein Pferd basteln?	„Ja" „Nein"	Wie könnten wir ein Pferd darstellen?	Viele
Pferde gab es auch bei den Indianern, wisst ihr das?	„Ja" „Nein"	Wer besitzt Pferde?	Viele
Sollen wir ein Bilderbuch vom Pferd anschauen?	"Ja" "Nein"	Wo können wir uns Pferde anschauen?	Viele
Könnt ihr springen, wie ein Ponnypferdchen?	„Ja" „Nein"	Wie können wir Pferde spielen?	Viele
Wollt ihr mal mit einer Pferdekutsche fahren?	"Ja" "Nein"	Wozu können Pferde Menschen nützlich sein?	Viele
Hat es euch Spaß gemacht?	„Ja" „Nein"	Was gefällt euch an dem Thema Pferde?	Viele
Bist du glücklich?	„Ja" „Nein"	Wie fühlt ihr euch jetzt?	Viele

„Offene Fragen" formulieren

Hier finden Sie ein paar Übungen und Tipps über „Offenen Fragen", mit denen Sie die wirklichen Gedanken der Kinder erfahren und das, worauf sie neugierig sind.

**Es kommt bei allen Antworten, die Ihnen die Kinder
auf Offene Fragen geben, weniger auf die Menge der Kinderideen an,
sondern vielmehr auf ihre Echtheit.**

Erfahrungen und Wissensstand

„Was könnt Ihr mir in Bezug auf dieses Thema erzählen?"	Eine solche Frage zeigt Ihnen durch die Antworten der Kinder, welche Erfahrungen die Kinder bereits gemacht haben und welche Vorstellungen die Kinder in Bezug auf das Projektthema haben.

Interessen

„Was wollt ihr über dieses Thema wissen?"	Durch diese Frage erfahren Sie die Interessen der Kinder.

Wunschvorstellungen

„Was wollt ihr gerne bezüglich des Themas machen?"	Hierauf schildern die Kinder ihre Wunschvorstellungen.

Erfahrungen und Interessen in Verbindung mit Wunschvorstellungen

„Was braucht ihr? / Wie könnt ihr euer Ziel erreichen?"	Beispiel: Angenommen die Kinder interessieren sich für eine Baustelle und eines der Kinder sagt: „Ich würde gerne mal baggern." Nun fragen Sie: „Was brauchst du, um baggern zu können?" Das Kind antwortet: „Ich brauche einen Bagger."
„Was könnten wir machen, um einen Bagger zu bekommen?"	Beispiel: Tim antwortet auf diese Frage: „Ich habe zu Hause einen großen Spielzeugbagger, den könnte ich mitbringen!" Sie erlauben es Tim und er bringt wie vereinbart vier Tage später seinen Bagger in den Kindergarten.

Selbstbewusstsein, Selbstständigkeit und Handlungsfähigkeit

In solchen Situationen soll das Kind selbstständig versuchen sich an die terminliche Absprache zu halten. Zum Bespiel:

„Am Dienstag darfst du deinen Bagger mitbringen!"

Bestenfalls gelingt es dem Kind ohne Mithilfe der Eltern. Dann kommt es wirklich auf das Erinnerungsvermögen des Kindes an. Sie können dem Kind Hilfestellungen anbieten. Beispielsweise einen Merkzettel, den das Kind selbst gemalt hat oder ein Knoten im Papiertaschentuch. Auf Bitte des Kindes hin können Sie die Mutter/den Vater als Erinnerungsmöglichkeit mit einbeziehen.

Auch unrealistische Antworten sind richtig

Es gibt kein „richtiges" oder „falsches" Denken. Versuchen Sie sich hingegen mit der Ansicht „anderes Denken" zufrieden zu geben.

Bei einer „Offenen Frage" geht es um das Nachdenken, Grübeln, Knobeln, Spinnen im positiven Sinn, um die kindliche Phantasie.
Die Kinder lernen, wie sie mit Phantasie, Ausdauer und einem Denken, das Schritt für Schritt gedacht wird, schließlich zu einer Lösung kommen.

Hilfestellungen für die Kinder, denen es schwer fällt, auf „Offene Fragen" zu antworten

> Ich hoffe, dass Sie diesen Text vor dem ersten Treffen gelesen haben. Sollten Sie jedoch das erste Treffen bereits angeboten haben und sich wundern wie mühsam es war Antworten von den Kindern zu bekommen, dann verzweifeln Sie bitte nicht, sondern lesen Sie den folgenden Abschnitt.

Geben Sie den Kindern die Zeit, die sie brauchen.

Auch die Kinder brauchen Übung im Umgang mit „Offenen Fragen". Wenn Kinder „Offene Fragen" nicht gewohnt sind, warten sie darauf eine Anweisung von Ihnen zu bekommen. Oder eine Frage, die sie mit „Ja" oder „Nein" beantworten könnten. Und Sie warten auf passende Antworten. Das ist eine verzwickte Situation.

> Manchen Kindern fällt es anfangs schwer auf eine „Offene Frage" eine passende Antwort zu finden.
> Eine Erfahrung weckt Emotionen und erfordert Erinnerungsvermögen. Hinzu kommt die Artikulation und der begrenzte Wortschatz beziehungsweise die jeweilige Sprachgewandtheit des Kindes. Es braucht Zeit für die Antwort.

Manche Kinder reagieren auf „Offene Fragen" schweigend, andere geben Antworten, die sich nicht auf den Sinn der Frage beziehen.

Versuchen Sie dem einzelnen Kind die Zeit zu geben, die es braucht. Halten Sie -wenn nötig- die Schweigesekunden aus, beruhigen und ermutigen Sie das Kind.

Wenn die Kinder keine Antwort finden, können Sie den Kindern den Denkvorgang bewusst machen

Finden Sie Worte um den Kindern zu erklären was Nachdenken bedeutet, denn manchmal ist ihnen noch nicht bewusst, dass wir Menschen vor dem Sprechen denken.

Beispiel:
„Jetzt sind wir erst einmal ganz leise. Wir brauchen etwas Zeit zum Nachdenken! -
In unserem Kopf ist ein Gehirn.
Wenn ich euch etwas frage, muss euer Gehirn erst nachdenken. Dies kann eine Weile dauern. Wer möchte kann beim Nachdenken die Augen schließen. Wir haben Zeit."
Daraufhin stellen Sie die Frage noch einmal und warten bis den Kindern eine Antwort auf Ihre Frage eingefallen ist. Wer eine Antwort weiß, hebt leise seine Hand um die anderen beim Denken nicht zu unterbrechen.

Übung macht den Meister

> Durch viele Gesprächssituationen haben die Kinder Gelegenheit sich in ihrer Ausdrucksweise und im Hinhören zu üben. Mit der Zeit werden sie sicherer.

Stellen Sie Ihr eigenes Wissen und Können in den Hintergrund

Ziel ist es Ihre eigene Person, Ihr bereits über mehrere Jahre gelerntes Können und Wissen in den Hintergrund zu stellen.

Selbst die kleinsten Kinder sind von sich überzeugt und sagen nachdrücklich: „Ich bin schon groß!" Daher begegnen Sie den Kindern mit Respekt. Die Ideen jedes einzelnen Kindes und Ihre Ideen sind gleichwertig.

Nehmen Sie das Kind als eine Person von Bedeutung wahr

Wenn Sie die Kinder fragen:
- Was wollt ihr wissen?
- Was braucht ihr?
- Was könnt ihr machen um euer Ziel zu erreichen?

Wird hierauf jedes einzelne Kind individuelle Antworten geben. Das macht diese Arbeit für alle Teilnehmer so abwechslungsreich, spannend und lebendig.

Verhalten Sie sich den Kindern gegenüber wertfrei

Sammeln Sie lediglich Kommentare und schreiben Sie diese jeweils wertfrei und wörtlich auf, dazu notieren Sie welches Kind diesen Beitrag geleistet hat.

Beispiel:
Ein Kind sagt: „Unser Auto hat 7 Räder."
Sie antworten: „Einen Moment bitte!", schreiben den Beitrag wörtlich auf und notieren wer das gesagt hat. Sie verbessern dieses Kind nicht.

Auch Zwischenrufe wie beispielsweise: „Das gibt es ja gar nicht!", nehmen Sie in Ihr Protokoll auf.

Beispiel:

Leon behauptet: „Ein Auto mit 7 Rädern gibt es nicht."

Sie erklären den Kindern: „Ob es ein Auto mit 7 Rädern gibt, wollen wir später untersuchen oder herausfinden. Jetzt sammeln wir erst einmal alle Ideen."

Durch wertfreies Hinhören und ernst nehmen stärken Sie den Mut der Kinder.

Erfahrungen, Fragen, Wünsche und Ideen der Kinder

Schreiben Sie jede Antwort eines Kindes wörtlich mit

Wir Erwachsene neigen dazu Kindersätze schnell umzuformulieren, damit der Satz eine „richtige" Form erhält. Versuchen Sie sich hier jedoch bewusst auf die kindliche Ausdrucksweise einzulassen und schreiben Sie die Zitate der Kinder wörtlich mit.

Bewerten, beschmunzeln oder verbessern Sie keine Antwort. Lassen Sie die Antworten aus den Kindern „heraussprudeln". Nach jedem Beitrag schreiben Sie jeweils den gesprochenen Satz auf.

> Wenn Sie alle Aussagen der Kinder gesammelt haben, lesen Sie diese den Kindern unverfälscht vor. Dies gelingt nur, wenn Sie die Meinungen wörtlich mitschreiben.

Sie müssen kein Steno beherrschen! Es genügt, wenn Sie den Kindern etwa so erklären: „Ich schreibe eure Fragen und Erzählungen auf, damit ich sie nicht vergesse. Deshalb dauert es gerade einen Moment. ----......------- Jetzt! Der nächste bitte...."

Wenn Ihnen ein Kind sehr ausführlich berichtet, fassen Sie mit dem Kind die Aussagen für Ihr Protokoll zusammen.

Beispiel:

> Projektthema: **Hexen und Zauberer**
>
> **Erfahrungen, Fragen, Wünsche und Ideen der Kinder**
>
> Stellen Sie den Kindern ausschließlich „Offene Fragen". Diese beginnen immer mit einem „W": Wie, Wer, Was, Wo, Womit, Wohin, Weshalb, Wieso, Warum. Sie können nicht mit „Ja" oder „Nein" beantwortet werden. Beispiel: Was wollt ihr wissen? Was brauchen wir, um das herauszufinden? Was könnt ihr mir erzählen über dieses Thema?
>
> Datum:
>
> Projektleiter/in:
>
> | Teilnehmer | Fragen, Erfahrungen, Wünsche, Interessen |
> |---|---|
> | Winni | Was essen Hexen gerne? |
> | Bert | Warum brauchen Hexen einen Besen? |
> | Ilse | Haben Hexen Kinder und einen Mann? |
> | Cora | Warum brauchen Hexen schwarze Kater? |
> | Jule | Was essen die Kinder von den Hexen? |
> | Jacob | Warum haben Hexen einen komischen Namen? |
> | Lola | Warum wirft die Rabia den Kater immer weg? (Aus dem Film „Bibi Blocksberg") |
> | Lola | Warum hasst die Rabia die Bibi Blocksberg? |
> | Roschbin | Warum mögen die Hexen keinen Regenbogen? |
> | Ulf | Ich hatte einen Traum, da haben die Hexen mein Zimmer geklaut. |
> | Rudolf | In meinem Traum hatte die Hexe keinen Hund. Der war im Wald verschwunden und der Wolf hat ihn einfach aufgefressen. Dann waren da noch Ziegen, die haben dem Hund gar nicht gesehen. |
> | Sina | Warum müssen die Hexen immer nur so herum fliegen und die Menschen verhexen? |
> | Lola | Warum möchte die Hexe die Bibi Blocksberg einfangen? |
> | Sina | Warum brauchen Hexen einen Zauberstab? |
> | Dora | Warum hat die Hexe ein Haus? |
> | Robert | Warum machen Hexen Zaubergetränke? |
> | Mareike | Warum brauchen Hexen ein Feuer? |

Kopiervorlage siehe Seite 177

11. Schritt:
Erstes Treffen reflektieren

Reflektieren Sie das erste Treffen

Reflexion direkt im Anschluss mit den Kindern

Bei einer erfahrenen Kindergruppe sprudeln die Interessen, Wünsche und Erfahrungen, sodass bereits nach etwa 20 Minuten alle Beiträge gesammelt sind.

Länger kann dieses Meeting bei unerfahrenen Kindern oder bei einem sehr umfangreichen Thema dauern. Daher schätzen Sie ab, wann ihrer Meinung nach vorerst alle Fragen vorhanden sind.

Beiträge ergänzen

Nachdem Sie alle Beiträge der Kinder aufgeschrieben haben, lesen Sie den Kindern ihre Fragen, Wünsche und Ideen laut vor. Damit auch die Kinder das Endergebnis dieses Treffens wahrnehmen können.

Wenn ein Beitrag unverständlich ist, spiegeln Sie diesen: Das heißt: Sie formulieren diesen in Ihre eigene Wortwahl um. Dabei schauen Sie das Kind an, welches diese Frage gestellt hat und prüfen, ob Sie den Inhalt der Frage den Vorstellungen des Kindes nach richtig wiedergegeben haben.

> Vorteilhafter ist es, die Wortwahl des Kindes zu wiederholen. Dadurch fühlen sich die Kinder sicherer. Schließlich haben sie lange überlegt was sie sagen möchten und wie sie ihren Text formulieren. Durch eine unnötige Umformulierung stellen Sie den kleinen Erfolg des Kindes in Frage.

Nachdem Sie den Text vorgelesen haben, ergänzen Sie mit den Kindern die Beiträge.

Eventuell bereits einen Namen für das Projekt finden

Wenn alle Fragen gesammelt sind, können Sie sich manchmal bereits mit den Kindern einigen, wie das Projekt letztlich benannt werden soll. Dazu hören Sie sich einige Vorschläge der Kinder an und machen sich Notizen. Mit Handzeichen stimmen Sie und die Kinder gemeinsam ab welche Benennung des Themas den Kindern und Ihnen am besten gefällt. Auch hierbei sind Ihre Meinung und die der Kinder gleichwertig.

Wohlbefinden der Kinder

Nun möchten Sie wissen wie sich die Kinder jetzt fühlen. Dazu äußert sich jedes einzelne Kind.

Sie nehmen einen Gegenstand in Ihre Hand, zum Beispiel einen Stein, ein Stofftier, einen Hut und erzählen den Kindern, wie es Ihnen jetzt im Moment geht. An was Sie gerade denken und/oder wie Sie sich bei dem heutigen Treffen gefühlt haben.
Beispiel:
„Am Anfang unseres Treffens war ich sehr neugierig, weil ich nicht wusste welche Fragen ihr habt und welche Ideen. Nun habe ich alles aufgeschrieben und wundere mich über so viele Gedanken. Im Moment bin ich ein bisschen müde und mein Arm ist ganz schwer vom vielen Schreiben."

Dann geben Sie diesen Gegenstand weiter. Das Kind, welches den Gegenstand erhalten hat darf nun berichten. Sie sagen beispielsweise zu diesem Kind:
„Jetzt erzähle du uns mal, was du über dieses Treffen sagen möchtest!"

Wenn Sie das Kind fragen: „Wie hat es dir gefallen?" So wird dieses Kind wahrscheinlich antworten: „Gut!" oder „Na ja, es geht" bzw. „Schlecht!"
Der Gegenstand wandert zu jedem Kind, bis schließlich jeder an der Reihe war.

Für die Kinder ist dieses erste Treffen nun beendet.

Reflexion des Projektbegleiters zeitnah am ersten Treffen

> Für Sie sind die Informationen des ersten Treffens das Fundament, auf dem sie das PerLe-Projekt gestalten. Daher versuchen Sie dieses Treffen zeitnah zu reflektieren.

Welche Grob- und Feinziele verbergen sich hinter den Fragen der Kinder

> Lesen Sie sich die Fragen der Kinder in Ruhe durch und überlegen Sie welche Grob- und Feinziele sich hinter den Fragen der Kinder verbergen.

Auf den folgenden Seiten sehen Sie ein Beispiel.

Projektthema: Hexen „schwarze Hexe"
Welche Grob- und Feinziele verbergen sich hinter den Fragen der Kinder

Datum: **Projektbegleiter/in:**

Welche Erfahrungen haben die Kinder bereits in Bezug auf dieses Thema?

Lola hat vermutlich als einziges Kind Fragen zu dem Film Bibi Blocksberg. Dieser handelt unter anderem von einer schwarz gekleideten Hexe genannt Rabia, die ein Mädchen namens Bibi verfolgt. Rabia schleudert in einer Szene einen Kater herum.
Hexen haben einen Besen, Feuer, einen komischen Namen, können zaubern, Zaubergetränke herstellen, haben ein Haus und einen Zauberstab.
Ulfs Zimmer wurde im Traum von einer Hexe geklaut.
In Rodolfs Traum wurde der Hund einer Hexe vom Wolf gefressen.

Was möchten die Kinder wissen?

Im Allgemeinen geht es um das Leben der Hexen. Was sie machen, warum sie all das tun und ob sie eine Familie haben.
Lola möchte den Film Bibi Blocksberg besser verstehen.
Weiterhin geht es um Zauberei mit Besen, Zauberstab, Zaubergetränk und Feuer.

Haben die Kinder Wünsche geäußert, was sie gerne in Bezug auf dieses Thema tun würden? Fassen Sie diese zusammen.

Bis jetzt haben die Kinder keine Wünsche geäußert. Deshalb bleibt diese Spalte zum Beispiel leer.

Gibt es Fachleute, die diese Fragen besser beantworten könnten, als Sie selbst?

Noch nicht. Deshalb bleibt diese Spalte vorerst leer.

Können Sie diese Experten kontaktieren? Siehe Expertenliste ORDNER I

Noch nicht. Deshalb bleibt diese Spalte vorerst leer.

Wie können Sie die Ziele der Kinder mit Ihren Zielen verbinden?

Ich weiß, dass Kinder die Fähigkeit besitzen einerseits an den Osterhasen zu glauben und gleichzeitig wissen, dass es in Wirklichkeit keinen Osterhasen gibt. So scheinen die Kinder hier, die Hexen als einerseits realistisch und andererseits bedrohlich wahrzunehmen. Ich bin mir nicht sicher, ob die Kinder davon ausgehen, dass es in Wirklichkeit solche Hexen nicht gibt.

Nun überlege ich mit welcher Aktivität ich den Kindern vermitteln kann, wie harmlos Phantasiehexen in Wirklichkeit sind.

Ich schlage den Kindern vor eine Hexe selbst zu erfinden. Sie sollen überlegen, wie diese Hexe aussieht, was sie macht, wie sie lebt und mit wem sie erscheinen soll.

Im Vergleich dazu zeige ich den Kindern ein Foto von der Person, die Bibi Blocksberg geschrieben hat. Damit wird verdeutlicht, dass es sich auch bei Bibi Blocksberg um eine erfundene Hexe handelt. Weiterhin sage ich, dass auch die „schwarze Hexe" lediglich eine Phantasiehexe ist.

Am Ende dieses Projekts frage ich die Kinder, ob sie vor ihrer Hexe wirklich Angst haben.

Kopiervorlage siehe Seite 178

Leben – lernen

12. Schritt:
Durchführung der Aktivitäten

Führen Sie die Aktivitäten mit der PerLe-Methode unter Zuhilfenahme der Kopiervorlagen durch

---
„Das war einmal…"

„…und so ist es heute"

„Der Weg ist das Ziel"

(Konfuzius)

Aktivität

Planen Sie jeweils eine Aktivität

Zusammenhang der Aktivitäten

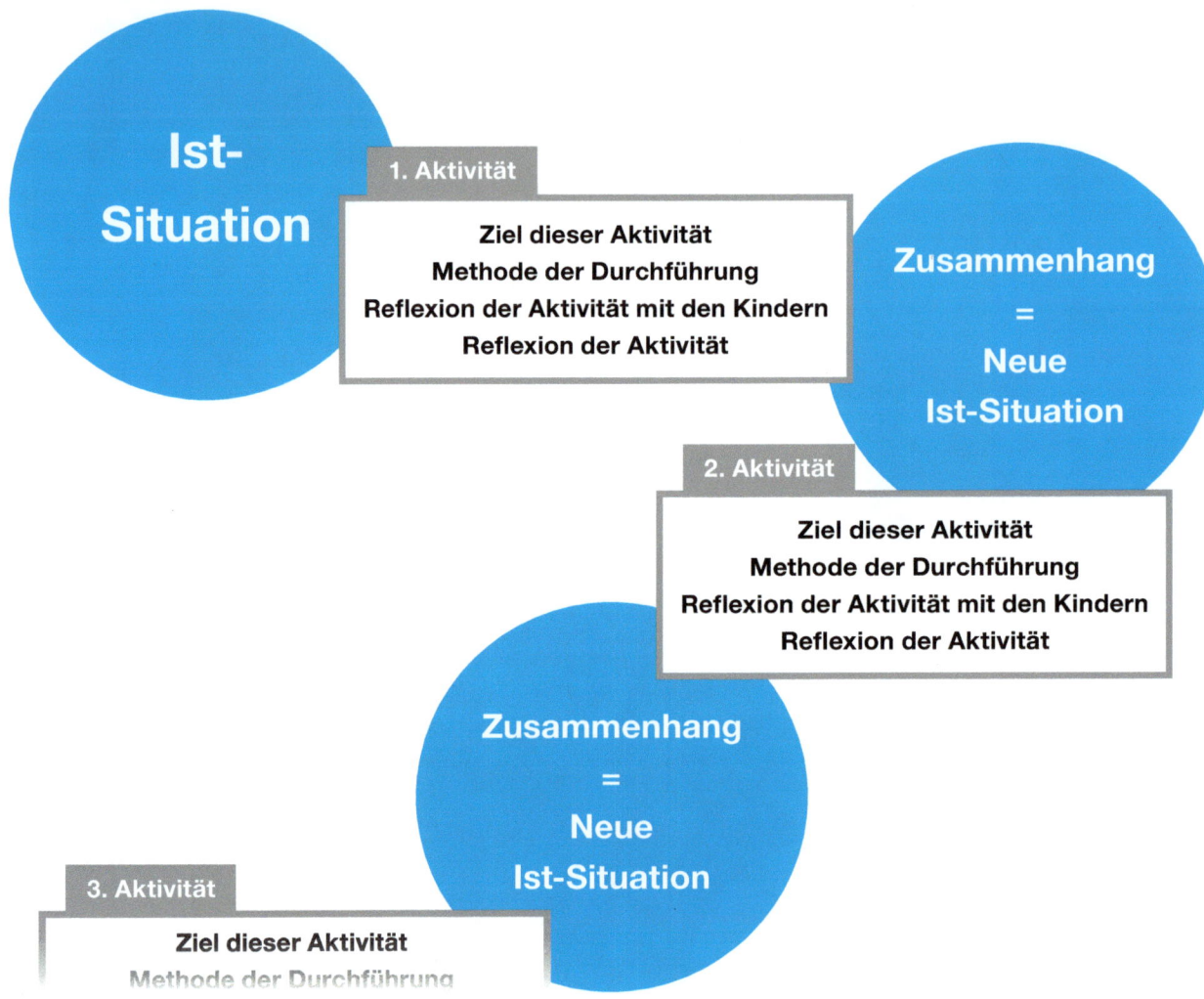

Der Wissens- und Entwicklungsstand in Bezug auf das Thema verändert sich durch jede einzelne Aktivität. So entsteht jeweils eine neue Ist-Situation.

Während einer Aktivität machen die Kinder jeweils weitere Erfahrungen, haben neue Ideen und etwas gelernt, was ihnen vorher in dieser Art nicht bewusst war.

Weiterhin kann es sein, dass sich durch eine Aktivität eine Frage der Kinder herauskristallisiert, die durch die folgende Aktivität beantwortet werden sollte, weil sie an anderer Stelle vollkommen aus dem Zusammenhang heraus angebracht wäre.

Durchführung einer Aktivität

> Zu jeder Aktivität füllen Sie diese Kopiervorlage aus. Somit machen Sie Ihre Arbeit für Ihr Team transparent. Dies ist vorteilhaft, wenn Sie Teilzeitkraft sind oder unvorhergesehen nicht arbeiten können.

Planen Sie jeweils eine Aktivität.

Knüpfen Sie jedes Treffen an den aktuellen Wissensstand der Kinder an, was der neuen Ist-Situation entspricht. Überlegen Sie sich den Grund, weswegen Sie die Akttivität anbieten.
Nach jeder Aktivität stellen Sie durch eine Reflexion den neuen Wissensstand der Kinder fest.
Daraufhin überlegen Sie sich, welche folgende Aktivität Sie den Kindern anbieten.

Projektthema:

Aktivität:

Datum:

Projektleiter/in:

Ist-Situation (formulieren Sie die aktuelle Situation)

Grob- und Feinziele dieser Aktivität

Methode der Durchführung

Reflexion der Aktivität mit den Kindern

Reflexion der Aktivität

Kopiervorlage siehe Seite 180

Beispiele:

Ist-Situation

Nachdem Sie die Interessen, Fragen und Wünsche reflektiert haben, konzentrieren Sie sich auf den jetzigen Stand der Dinge und formulieren diese aktuelle Situation.

Überlegen Sie vor jeder Aktivität welche „Ist-Situation" Sie haben und knüpfen Sie jedes Treffen geschickt an den aktuellen Wissensstand der Kinder an.

> So können Sie während des Projektverlaufs die Kinder jedes Mal dort abholen, wo sie sind.

Beispiel:

Projektthema: Hexen „schwarze Hexe"
Ist-Situation:
Ich überlege mit welcher Aktivität oder mit welchen Aktivitäten ich den Kindern vermitteln kann, wie harmlos Phantasiehexen in Wirklichkeit sind.

Kopiervorlage siehe Seite 180

Grob- und Feinziele dieser Aktivität

Nun formulieren Sie Grob und Feinziele, die Sie durch die folgende Aktivität erreichen möchten.

Beispiel:

Grob- und Feinziele, die Sie durch diese Aktivität erreichen möchten
Die Kinder sollen gemeinsam und selbstständig eine Hexe selbst erfinden und darstellen, wie diese Hexe aussieht.

Kopiervorlage siehe Seite 180

Methode der Durchführung

Im Anschluss überlegen Sie sich mit welcher Methode Sie Ihr Ziel bzw. das Ziel der Kinder erreichen könnten.

Methode der Durchführung
Die Kinder sollen in einer Gemeinschaftsarbeit eine Hexe selbst gestalten. Auf eine circa 3m2 große Fläche, sollen die Kinder selbstständig eine große Collage aus verschiedenen Materialien anfertigen: Stoff, Muscheln, Korken, Federn, Steine und allem was an Vorrat vorhanden ist.

Kopiervorlage siehe Seite 180

Reflexion mit den Kindern

Jede Aktivität reflektieren Sie mit den Kindern.

> Dadurch fühlen Sie die Stimmungen der Kinder. Sind sie ruhig und ausgeglichen oder gereizt. Haben sie eine weitere wichtige Frage oder eine interessante neue Entdeckung gemacht.

Reflexion der Aktivität mit den Kindern
Hexe gemeinsam anschauen Hexe fotografieren Hexe einen Namen geben

Kopiervorlage siehe Seite 180

Reflexion des Projektbegleiters

Am Ende jeder Aktivität reflektieren Sie diese für sich; gegebenenfalls auch den bisherigen Projektverlauf.

Reflexion der Aktivität

Es war genug Material vorhanden.

Alle Kinder der Projektgruppe halfen mit und hatten eigene Ideen.

Die Hexe wurde von den Kindern mit vielen Diskussionen und kleinen Meinungsverschiedenheiten fertig gestellt. Nachdem die Hexe fertig zu sein schien, gefiel Dora der Rock der Hexe nicht. Sie riss diesen Teil des Bildes spontan auseinander. Nach großem Empören von Sina und Rudolf, baute Dora so gut sie konnte diesen Teil des Bildes wieder auf. Sina und Rudolf halfen Dora. Anschließend legte sie ihre Idee oben drauf. Damit waren die anderen schließlich einverstanden.

Die Hexe bekam den Namen "Bunte Hexe"
Mareike und ich machten Fotos von der Collage.
Viele Kinder zeigten die Hexe stolz und zufrieden während der Abholzeit ihren Eltern.

Kopiervorlage siehe Seite 180

Die bunte Hexe

Neue Ist-Situation

Nachdem Sie die Aktivität reflektiert haben, konzentrieren Sie sich auf den jetzigen Stand der Dinge und formulieren die neue Ist-Situation.

Beispiel:

Projektthema: **Die bunte Hexe**	Seite: **2**
Aktivität:	
Datum:	
Projektleiter/in:	

Ist-Situation (formulieren Sie die aktuelle Situation)

Die Kinder wissen nun, wie ihre selbst erfundene Hexe aussieht und sie haben dieser Hexe den Namen „bunte Hexe" gegeben.
Jacob und Winni äußerten den Wunsch auch einen Zauberer zu erfinden.

Kopiervorlage siehe Seite 180

Falls Sie interessiert wie das Projekt, welches ich als Beispiel verwendete weiterging:

Nachdem der Zauberer ebenfalls einen Namen und ein Aussehen hatte, dachten sich die Kinder eine Geschichte aus und es entstand dazu ein etwa 7 Minuten langes Theaterstück. Wofür die Kinder die Geschichte, die Verkleidungen für den Zauberer und die Hexe kreierten.

Während den Theaterproben durfte jedes Kind einmal Hexe oder Zauberer sein. Alle Kinder spielten gerne und jeder auf seine Weise gut.

Die Kinder erfanden Zaubersprüche. Sie entschieden sich an der Zauberstelle während des Theaterstücks für den Spruch: „Schrippel, Schrappel Huckebein, alles soll verzaubert sein".
Für die große Aufführung vor den restlichen Kindern und Erzieherinnen des Kindergartens wurden von den Kindern Kostüme für die Fledermäuse, den Tiger, den Löwen und sogar für den Ansager kreiert. Alle Schauspieler, auch die Musiker wurden von den Kindern der Schminkgruppe geschminkt.

Das macht PerLe-Aktivitäten aus

Vielleicht erwarten Sie an dieser Stelle ein Bastelbuch oder ein Sachbuch, einen Film, ein Lied oder ein fertiges Programm in irgendeiner Weise.

> Es geht bei PerLe-Projekten immer darum eine Aktivität zu finden, die gegenwärtig zu den Fragen der Kinder, ihren aktuellen Bedürfnissen oder Wünschen passt.

Nur Sie kennen die Kinder Ihrer Projektgruppe und deren Fragen. Daher können nur Sie eine passende Aktivität auswählen.

Von Vorteil sind abwechslungsreiche Aktivitäten. Beispiel: etwas gestalten, etwas mit Bewegung, eine Exkursion, ein Gespräch und so weiter.
Bitte beachten Sie bei der Auswahl der Aktivitäten folgendes.

Sollten Sie an dieser Stelle mehr Unterstützung wünschen, finden Sie auf der Website www.perle-projekte.de Aktivitätsmöglichkeiten und Fortbildungen.

Offene Aufgabenstellung

Offene Aufgabenstellungen
- fordern die Kinder auf, ihre eigenen Ideen zu verwirklichen.
- ermöglichen den Kindern selbst zu entscheiden mit welchem Material und welchen Vorgehensweisen sie ihr Ziel erreichen möchten.

Diese Fragen stellen sich die Kinder nach einer offenen Aufgabenstellung selbst.
- Was kann ich tun?
- Welches Material brauche ich dazu?
- Wie könnte das funktionieren?
- Welche Möglichkeit gibt es außerdem?

Um Offene Aufgaben ermöglichen zu können, brauchen die Projektteilnehmer
- genügend Zeit
- Zugang zu Material
  (Bastelmaterial Medien, kindgerechte Werkzeuge beispielsweise Schere, Kleber, Hammer)
- eine begleitende Person, die Denkanstöße gibt, jedoch keine Lösung vorgibt.

Keine Schablonenarbeit

Erlauben Sie den Kindern ohne Vorlage zu gestalten

Wenn ein Kind beispielsweise den Vorschlag macht: „Wir könnten doch ein Auto bauen!"
Fragen Sie dieses Kind: „Wie würdest du ein Auto bauen?"
Dass Sie viele Ideen haben wie man ein Auto bauen kann, weiß ich. Doch nicht wir als Erwachsene sollen kreativ werden, sondern die Kinder sollen ihre Kreativität entdecken. Darauf kommt es an.
Versuchen Sie auch hier die Ideen des Kindes wenn möglich zu verwirklichen.

Sollte einem Kind selbst nichts einfallen, erwarten Sie nicht von diesem Kind, dass es das Rad neu erfindet, sondern geben Sie dem Kind mehrere Bastelbücher, aus denen es sich Anregungen abschauen kann. Oder präsentieren Sie dem Kind jegliches Material mit denen es ein Auto bauen könnte. Die meisten Kinder haben bereits daraufhin eigene Ideen.

Kinder brauchen keine Schablonen

Helfen Sie den Kindern nicht mit einer Schablone Menschen, Tiere oder Pflanzen zu gestalten. Die Ausnahme sind Kreise, wofür Sie den Kindern einen Teller oder einen Zirkel anbieten können um eine exakte Form zu erreichen.

Die Kinder gestalten alles so gut wie sie es bereits können. So ist es gut genug.

Schablonenarbeit macht den scheinbaren Eindruck mit vielen Kindern viel gemacht zu haben. Doch in Wirklichkeit machen Sie mit dieser Art der Arbeit viel kaputt. Sie verunsichern damit die Kinder in ihrer individuellen Malentwicklung. Kinder, die Schablonen kennen und mögen, sind oft davon überzeugt selbst kein Tier malen zu können. Denn diese Kinder messen ihr Können an der Vorlage, die sie bereits benutzten.

Bestehen Sie nicht darauf, dass das Kind malt, was Sie wahrnehmen. Sondern lassen Sie das Kind so malen, wie es selbst schon malen kann.

Auch Kritzelkratzel kann der schönste Hund sein.

Beispiel:
Wenn ein Kind sagt: „Malst du mir einen Hund? Ich kann das nicht!"

Können Sie motivierend antworten: „Ach das ist doch ganz einfach! Ich kann dir erzählen wie ein Hund aussieht. Der hat einen gaaanz langen Bauch und riiiiesengroße Ohren, ach ja der hat auch einen Schnabel!"
Spätestens dann ruft das Kind: „Nein! Das stimmt doch gar nicht!" Woraufhin Sie antworten: „Nein? (verdutzt) Dann weiß ich im Moment nicht wie ein Hund aussieht. Bitte zeichne doch einen. Dann fällt es mir auch wieder ein." Und siehe da das Kind beginnt mit seiner Zeichnung.

Mit Schablonen geht es schneller. Trotzdem sind Schablonen die Erzeuger von „Ich kann das nicht - Gedanken".

Denken Sie sich bitte etwas aus, wie Sie Kindern Zutrauen zu sich selbst vermitteln können. Und werfen Sie Ihre Schablonen, falls Sie sie nicht für Ihr Wohnzimmer verwenden möchten, bitte in den Mülleimer!

Die Kinder malen das, was sie im Stande sind wahrzunehmen. So malen sie die Arme eines Menschen zuerst an den Kopf, später an den Hals und erst anschließend merkt das Kind, dass sich die Arme an den Schultern befinden.

Sie können den Kindern ein Foto zeigen, worauf das zu sehen ist, was dieses Kind malen möchte. Einen Gegenstand können Sie zum Abmalen bereit legen oder eine Staffelei ins Freie stellen, an der die Kinder malen können.

Schauen Sie sich mit dem Kind das, was es malen möchte, intensiv an. Anschließend beschreiben Sie gemeinsam mit dem Kind, wie dieser Gegenstand aussieht. Erst dann soll das Kind zu malen oder zu zeichnen beginnen.
Jeder gute Maler ist ein guter Betrachter.

Die Begleiter sind groß gewordene Kinder, die nicht alles wissen und können

Durch manche Fragen der Kinder können Sie an Ihre persönlichen Grenzen kommen. Das bedeutet, dass Sie darauf wirklich keine Antwort finden. In einem solchen Fall sagen Sie einfach: „Ich weiß es nicht." Dadurch lernen die Kinder, dass auch wir groß gewordene Kinder sind, die schon viel wissen, und doch noch Fragen haben.

Auch, wenn Sie bereits alle Fragen der Kinder beantworten könnten, gehen Sie mit den Kindern auf eine Entdeckungsreise in die Welt der Medien

---

Buch

Suchen Sie in Büchern mit den Kindern nach Antworten.

Finden Sie die Antworten nicht in Ihrem Bücherregal, können Sie die Kinder bitten, Bücher von ihren Eltern oder Großeltern mitzubringen. Sie können auch mit den Kindern in eine Stadtbücherei gehen, um sich das entsprechende Material dort auszuleihen.

Film

Suchen Sie Filmmaterial, mit dem Sie eine oder mehrere Fragen der Kinder beantworten können. Dazu ist es wichtig, dass Sie selbst diesen Film vorher gesehen haben und ihn gegebenenfalls zu der Stelle spulen, an der es interessant für die Kinder wird.

Zeitschrift / Zeitung

Gestalten Sie mit den Kindern eine Collage. Lassen Sie diese Collage zuerst legen ohne aufzukleben. Wenn alles liegt, überlegen Sie mit den Kindern gemeinsam, ob das so bleiben soll, oder soll etwas auf einen anderen Platz gelegt werden?

Bitte vermeiden Sie die Worte: Das ist falsch oder richtig, Sie können stattdessen sagen es ist anders gedacht.
Wenn alles auf dem Platz liegt, wo es bleiben soll, kleben Sie mit den Kindern die Bilder auf.

Computer

Wenn es Ihnen möglich ist, recherchieren Sie gemeinsam mit den Kindern im Internet. Suchen Sie vorher Adressen, die Sie eingeben müssen, um genau die Informationen zu bekommen, die Sie zulassen können.

Vermitteln Sie den Kindern, dass es auch die Möglichkeit des Internets gibt, um an Informationen zu gelangen. Nutzen Sie mit den Kindern den Computer soweit Sie es können. Beispielsweise Texte gestalten für verschiedene Zwecke, Zeichnungen anfertigen, Bilder malen und ausdrucken, Fotos auswählen und vieles mehr.

Obwohl die Medienwelt sehr schnelllebig ist, frage ich mich gerade: „Haben Sie einen Computer in Ihrer Institution?" – „Auch einen für die Kinder?"

Exkursionen

Der Experte soll die Fragen der Kinder beantworten

Manchmal verstummen Kinder, wenn sie eine fremde Person zum ersten Mal sehen. Sie „fremdeln" heißt es. Deshalb ist es sinnvoll, wenn sie die Fragen der Kinder, die speziell auf die Exkursion bezogen sind, vorab mit den Kindern sammeln und anschließend mit dem Experten durchsprechen.
Danach händigen Sie die Fragen der Kinder dem Experten aus und bitten Sie darum, dass möglichst praktisch ihre Fragen beantwortet werden.

Beispiel:
Ich selbst gab Fragen der Kinder der Feuerwehr. Und bat diese möglichst praktisch auf die Fragen der Kinder einzugehen. Ein Kind fragte: „Wie funktioniert das Spreizgerät?" Die Feuerwehrfrau und ein paar Männer hatten zufällig ein altes Schrottauto auf ihrem Gelände und zeigten den Kindern, wie mit einem Spreizgerät die Tür eines Fahrzeugs aufgebogen werden kann.

Mit offenen Fragen begleiten

Mit „Offenen Fragen" das Kind/ die Kinder während den Aktivitäten unterstützen

> Während dem gesamten Projektverlauf kommt es oft mehrmals zu Situationen, in denen Ideen nötig sind. Bevor Sie sich für Ihre eigene Idee entscheiden, fragen Sie die Kinder nach ihren Ideen.

Sollte einer dieser Einfälle umsetzbar sein, ziehen Sie die Idee des Kindes vor.
Hierbei geht es wieder um den Erfolg des Kindes.

Beispiel zum Thema Mathematik: „Was könnt ihr bereits mit eurem Wissen über Zahlen machen?"
Idee eines Kindes: „Wir können Einkaufen spielen!"

> Manchmal ergibt sich erst im Laufe des Projekts eine genaue Benennung des Themas.
> So können Sie beispielsweise gemeinsam mit den Kindern überlegen, wie das Thema genannt werden soll.

Mit den Kindern die genaue Benennung des Themas festlegen

Jedes Kind darf Vorschläge machen. Sie schreiben zunächst alle Ideen der Kinder unkommentiert auf. Wenn keine Gedanken mehr kommen, lesen Sie den Kindern alle Ideen vor und stimmen anschließend mit den Kindern ab, welcher Titel genommen wird.

Wenn Sie diese Methode wählen, hat das Kind, welches den besten Vorschlag gemacht hat, ein großes Erfolgserlebnis. Über dieses Selbstvertrauen freut sich auch der/die zukünftige/r DeutschlehrerIn, denn schließlich sollen die Kinder irgendwann Aufsätze formulieren.

In Gruppenarbeit selbstständig handeln

Sie bieten eine Gruppenarbeit an, wodurch Sie beobachten können, was die Kinder bereits über das Thema wissen oder vermuten.

Beispiel: **Collage**
Projektthema „Der menschliche Körper". Die Kinder interessieren sich für die „Knochen".

Sie zeichnen einen Umriss von einem Kind auf ein großes Blatt Papier. Dieses hängen Sie an eine Wand in Kinderhöhe. Nun sollen alle Kinder der Projektgruppe miteinander überlegen, wo der Mensch Knochen hat. An diese Stellen sollen die Kinder Klebestreifen kleben. Sie selbst setzen sich unbeteiligt in die Nähe des Geschehens oder verlassen für wenige Minuten den Raum, um auch optisch deutlich zu machen, dass die Kinder diese Aufgabe selbstständig bewältigen sollen.

Um das soziale Miteinander zu fördern geben Sie beispielsweise bei 12 Teilnehmern nur 3 Rollen Klebeband. So müssen sich die Kinder untereinander abwechseln, oder auf andere Weise arrangieren, um am Ende ihr Gemeinschaftsbild fertig stellen zu können.
Wenn Sie merken, dass sich einzelne Kinder ohne Ihre Unterstützung nicht durchsetzen können, bitten sie dieses Kind zu sich und geben ihm Anregungen, wie es sich anders verhalten könnte. Greifen Sie nur dann ein, wenn Situationen entstehen, die ein Kind nicht alleine regeln kann.

Während die Kinder ihre Erlebnisse schildern versuchen Sie herauszuhören, was genau die Kinder denken. Diese Gedanken notieren Sie sich gegebenenfalls.
Bleiben Sie wertfrei und verbessern Sie die Kinder nicht. Sondern nehmen Sie die Erzählungen der Kinder so an, wie sie sind.
Anders können die Kinder über das Thema denken, wenn das Projekt zu Ende ist.

Reflexion mit den Kindern

Wenn das Bild fertig ist, schauen Sie sich mit den Kindern gemeinsam ihre Collage an.
Anschließend sollen die Kinder ihr Ergebnis mit einem Bild aus dem Lexikon vergleichen und ihre Collage ergänzen.
Sie selbst halten sich dabei im Hintergrund auf. Sie lassen die Kinder diskutieren und sich gegenseitig helfen.

Reflexion des Projektbegleiters

Nun schauen Sie sich das entstandene Bild der Kinder in Ruhe während Ihrer Vor- oder Nachbereitungszeit an.

Notieren Sie welche Erfahrungen die Kinder bereits gesammelt haben.

13. Schritt:
Information an die Eltern

Informieren Sie die Eltern

Elterninformation

> Informieren Sie die Eltern erst, wenn alle Kinder bereits dem Projekt zugeordnet sind, bzw. sich bereits freiwillig entschieden haben dabei zu sein. Damit jedem Kind die Möglichkeit bleibt sich freiwillig auch ohne Nachdruck der Eltern entscheiden zu können.

Elterninformation

Durch einen Elternbrief, Elternabend oder einen Aushang im Elterninformationsbereich können Sie die Eltern informieren:

Beispiel:

Elterninformation
Datum:

Dieses Thema beschäftigt die Kinder seit längerer Zeit	Diese Kinder nehmen am Projekt teil?	Ihr/e Ansprechpartner während des Projektes
Wie greifen das Thema „Der menschliche Körper" auf	Emil Otto Mina Ole Ahwas	Frau Teller Herr Löffelchen

Kopiervorlage Siehe Seite 182

Dieses Mal machst du aber mit mein Kind!

Wenn Sie wie beschrieben vorgehen, hatten die Kinder bereits nach Verkündigung des Themas eine Chance sich freiwillig für das Projekt zu entscheiden. Wenn ein Kind im Vorfeld von einem Elternteil beispielsweise hört:
„Ich würde mich sehr freuen, wenn du auch bei diesem Projekt mitmachen würdest." oder „Dieses mal machst du aber mit!"
Dann kann sich das Kind nicht frei-willig entscheiden. Es entscheidet dann bereits „Mama-, Papa-, Oma-" oder „Opa-willig".

Aus welchen Gründen auch immer Eltern wünschen, dass ihr Kind dringend dabei sein sollte. Dies abzuklären verlangt ein individuelles Elterngespräch. Dabei schätzen Sie gemeinsam mit den Eltern ab, ob und warum dieses Kind an einem Projekt teilnehmen soll.

Weiterhin werden die Eltern während des Projekts von Ihnen und den Kindern über Aktivitäten, die bereits stattgefunden haben, durch Dokumentationen informiert.
Durch Eltern erfahren Sie, wie die Kinder zu Hause über das Projekt berichten.
Besorgen Sie mit Hilfe der Eltern nötiges Material.

Verwirrte Eltern

Es ist sinnvoll die Eltern ein klein wenig vorzuwarnen. Denn während einem Projekt können seltsame Situationen entstehen.

Beispiel:
So geschah es, dass ein Junge seine Mutter mitten im Sommer auf den Speicher schickte:

Junge: *„Mama ich brauche mein Teufelskostüm! Bitte hol mir das."*

Die Mutter: *„Es ist doch kein Karneval! Das Kostüm bleibt auf dem Speicher!"*

Junge: *„Mama, glaub mir doch! Ich brauche das Teufelskostüm für den Kindergarten. Am besten morgen schon!"*

Die Mutter gab ihm das Kostüm und fragte am nächsten Tag:
„Warum wollte mein Junge unbedingt sein Teufelskostüm mitbringen?"

Die Erzieherin: *„Wir drehen einen Film mit den Kindern. Die Kinder haben sich gestern für einen Gruselfilm entschieden, und ihr Junge hatte spontan die Idee, dass sein Teufelskostüm perfekt zu dem Film passen würde."*

Aushang

Hängen Sie eine Elterninformation aus, auf der beispielsweise zu lesen ist:

> Wer kann uns 5 Bohnenstangen leihen oder besorgen? Außerdem brauchen wir große einfarbige Bettlaken bzw. Stoffe. Ihre Ansprechpartnerin ist Frau Muster.
> Vielen Dank!

Veröffentlichen Sie keinen Wochenplan

Der aktuelle Entwicklungs- bzw. Wissensstand der einzelnen Kinder verändert sich von Aktivität zu Aktivität. Sie können mit einem Plan, den Sie im Voraus veröffentlichen, nicht flexibel bleiben.

Bei Perle-Projekten werden während und nach dem Projekt Dokumentationen veröffentlicht.

---

14. Schritt:
Dokumentation

Dokumentieren Sie mit den Kindern den Projektverlauf

Dokumentationen

Die Dokumentationen werden während des Projekts kontinuierlich vervollständigt oder als Abschluss eines Projektes präsentiert. Sie werden nicht vor dem Projekt veröffentlicht.

> Die Dokumentationen sollen in erster Linie den Kindern eine Hilfe sein. Sie können das Projekt und anhand der Dokumentationen, selbstständig nachvollziehen und behalten somit einen Überblick über das, was sie bereits erfahren haben, bzw. gemacht haben.
>
> Nebenbei informieren die Kinder oft ihre Eltern über die Aktivitäten. Sie zeigen dem Elternteil anhand der Dokumentationen was bereits gemacht wurde.
>
> Des Weiteren können die Kinder anhand dieser Dokumentationen Rückschlüsse ziehen. Das heißt, sie können für sich selbst noch einmal über vergangene Aktivitäten nachdenken.
>
> Außerdem könnte es passieren, dass Kinder, die nicht dieser Projektgruppe angehören, plötzlich neugierig werden und Fragen stellen. Diese Kinder werden sich bei der Bekanntgabe des nächsten Themas möglicherweise zweimal überlegen ob sie mitmachen wollen oder nicht.

Wenn wir als Erwachsene eine Fortbildung besuchen, erhalten wir meist anschließend oder während dessen Informationsmaterial. Dieses ist nützlich, damit jeder einzelne für sich die Inhalte noch einmal reflektieren kann. Weiterhin behalten wir durch solche schriftlichen Dokumentationen einen Überblick über den bereits vorgetragenen Inhalt.

Die Kinder in einem Kindergarten können noch keine Buchstaben schreiben oder gar lesen. Die folgenden Beispiele schildern Ihnen Möglichkeiten, wie Sie mit den Kindern den Inhalt eines Projekts transparent machen können.

Zeichnungen

So können Sie und die Kinder auch den Eltern und anderen Personen einen Einblick in die momentane Situation ermöglichen.

Zuerst suchen Sie eine große Wandfläche in Ihrer Institution. Bestenfalls befindet sich diese in der Nähe des Eingangsbereichs. Sie schreiben in großen Buchstaben das Thema des Projekts auf einen farbigen

Bogen Tonpapier. Den hängen Sie nun als Überschrift der Dokumentation an diese große Wandfläche.

Nun brauchen Sie Kinder, die gerne mitteilen was in dem Projekt bereits gemacht wurde. Diese Kinder müssen nicht besonders begabt im Malen sein.

Sie geben dem Kind ein Blatt DIN A5 und fordern dieses Kind auf zu zeichnen, was die Kinder bei der letzten Aktivität gemacht haben. Bleiben Sie in der Nähe dieses Kindes. So hat es die Möglichkeit, wenn es unsicher ist, von Ihnen Unterstützung anzunehmen.

Sagt dieses Kind: „Ich weiß nicht, wie ich das malen soll!" Dann fragen Sie: „Was möchtest du malen?" „Ich weiß es nicht!" „Dann überlegen wir beide erst einmal, was wir heute mit der Projektgruppe gemacht haben…"

Wenn das Bild fertig ist, nehmen Sie dieses mit zum nächsten Treffen der Projektgruppe. Dort zeigen Sie allen beteiligten Kindern diesen Teil der Dokumentation. Anschließend gehen Sie mit allen Kindern an Ihre große Wand. Dort hängen Sie die Zeichnung oben links, unter der Überschrift in die Ecke.
Berichten Sie den Kindern, dass sich diese Wand füllen wird, denn nach jeder Aktivität kommt ein weiteres Bild hinzu. So können die Kinder selbst anhand dieser Zeichnungen anderen Personen von diesem Projekt berichten.

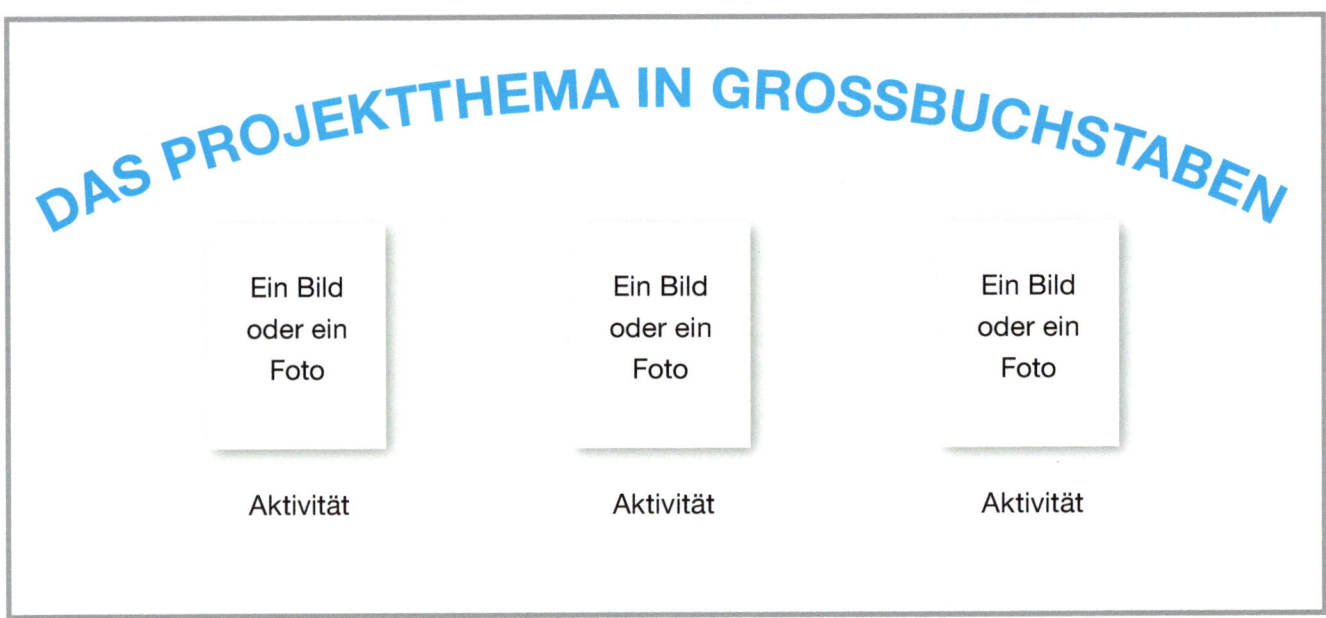

Schreiben Sie jeweils unter jedes Blatt, was darauf zu erkennen sein soll. Als Unterstützung für die Erwachsenen, die den Werdegang des Projekts mit verfolgen möchten. Die Kinder selbst können sich oft lange erinnern, was das einzelne Bild bedeuten soll.

Fotos/Dokumentationsmappe
Die Dokumentation mit Fotos ist die gleiche wie die mit Zeichnungen. Nur werden hier statt Kinderzeichnungen Fotos verwendet, die jeweils eine Aktivität dokumentieren sollen.
Sie könnten auch statt eines Fotos für eine Aktivität mehrere Fotos von einer Aktivität aufhängen. Doch beachten Sie bitte: Ein Projekt kann sehr umfangreich werden. Wie viel Platz werden Sie benötigen, um

das gesamte Projekt zu dokumentieren und zwar so, dass die Kinder den Überblick nicht verlieren? Möchten Sie dennoch viele Fotos für eine Dokumentation verwenden, empfiehlt sich eine Dokumentationsmappe.

Kalender > zeigt den Kindern wann die Aktivitäten zum Projekt stattfinden

> Die Kinder möchten wissen, wann es weitergeht. Heute noch, morgen erst oder übermorgen, vormittags oder am Nachmittag?
> Auch die Eltern können sich durch diesen Kalender informieren, den Sie benutzen, um allen aufzuzeigen, wann das nächste Treffen der Projektgruppe stattfinden soll.
>
> Besonders zu empfehlen ist dieser Kalender, wenn Sie eine Teilzeitkraft sind.

Zuerst schreiben Sie das Projektthema auf den unteren Rand der Symbolkarte. Danach dürfen sich einzelne Kinder ein Logo für ihr Projekt ausdenken und bildnerisch entwerfen. Anhand dieses Symbols erkennen die Kinder auf diesem Kalender u.a. wann sich ihre Projektgruppe treffen wird. Mit dem Pfeil können die Kinder den heutigen Tag feststellen.

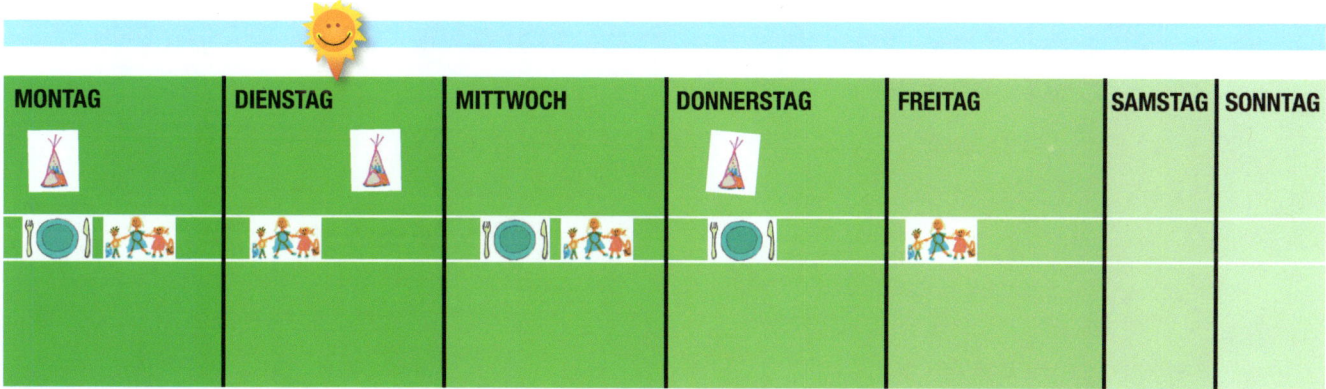

Dieser Kalender ist erhältlich unter www.perle-projekte.de

15. Schritt:
Projekt-Untergruppen

Legen Sie – wenn nötig – Projekt-Untergruppen fest

Großgruppe in Untergruppen teilen

> Wenn sich sehr viele Kinder für dasselbe Projekt gemeldet haben, ist es günstiger diese Großgruppe in Kleingruppen zu unterteilen.

Eine Großgruppe teilt sich in zwei oder mehrere Kleingruppen

Sammeln Sie vor der Gruppenteilung die Fragen der Kinder.
Reflektieren Sie diese Fragen und finden Sie dabei mehrere Unterthemen.

Bilden Sie gemeinsam mit den Kindern zu diesen Unterthemen Kleingruppen.
Jedes Kind soll sich für eine oder mehrere Kleingruppe/n entscheiden.

Am Ende des Projekts teilen sich die Kleingruppen gegenseitig ihre Ergebnisse mit.

Eine Großgruppe teilt sich in mehrere verschieden große Kleingruppen auf

Diese Variante bietet sich beispielsweise bei einer Raumgestaltung oder Aufführung an.

Sammeln Sie vor der Gruppenteilung die Fragen der Kinder.

Die Kinder überlegen welche Untergruppen sie benötigen.
Die Kinder ordnen sich den Kleingruppen zu.

Damit die Kinder die Einteilung auch optisch mit verfolgen können, gestalten Sie mit den Kindern ein Plakat:

Anschließend tragen die Kinder ihre Namen in die Zeilen ein. Wer Tiger sein möchte schreibt seinen Namen unter den Tiger usw. Die Kinder, die ihren Namen noch nicht schreiben können, werden von Ihnen oder den anderen Kindern eingetragen.

zum Beispiel:

Seiltänzer	starker Mann	Pferde	Zirkusdirektor	Tiger	Clown
Natascha Anita Renate Heike Betina Ulrike	Andreas	Sina Tina Frank Natascha Monika Laeticia	Norbert Natascha	Lola Jonas Syndya Anja Willi	Bendix Manuela

Sollte sich ein Kind in zu vielen Bereichen eingetragen haben, dann lassen Sie die Entscheidungssituation vorerst so, wie es dieses Kind geplant hat.

Beispiel:
Natascha hat sich als Seiltänzerin, Pferd und Zirkusdirektor eingetragen. Nach den ersten Proben sagt sie leicht verzweifelt:" Das ist mir, glaube ich, doch zu viel." Natascha entscheidet sich nun Seiltänzerin zu sein und streicht ihren Namen in den anderen Spalten.
Durch diese Erfahrung hat Natascha die Chance sich selbst besser einzuschätzen.

16. Schritt:
Projekt beenden

Beenden Sie das Projekt

Wenn die Neugierde der Kinder gesättigt ist, beenden Sie das Projekt

> Da Sie als Projektbegleiter nach jedem Treffen erneut reflektieren, können Sie an der Stimmungslage der Kinder abschätzen, ob dieses Thema noch immer aktuell ist. Wenn Sie Demotivation bei einem großen Teil der Gruppe feststellen, kann dies darauf hindeuten, dass die Kinder bereits gesättigt sind. Sie brauchen dann natürlich weiterhin Informationen – doch vielleicht von einem anderen Thema.

Wenn Sie ein Projekt beenden möchten, informieren Sie die Kinder davon bereits zwei Treffen im Voraus.

Beispielsweise so:
„Wir werden uns noch zweimal treffen. Dann mit dieser Gruppe, dann ist dieses Projekt zu Ende. Wenn ihr noch etwas dazu wissen wollt, könnt ihr mir dies noch mitteilen."

Zum Ende eines Projekts können Sie weitere Fragen unter vier Augen beantworten und nicht mehr ausführlich mit der gesamten Projektgruppe.

Bei einer Theateraufführung, einem selbst gedrehten Film oder einer Zirkusvorstellung ist das Ende des Projekts die Aufführung selbst inklusive der dazugehörigen Reflexion.

Reflektieren Sie jedes Projekt

Reflexion mit den Kindern

Bei dem letzten Treffen schauen sich die Kinder und Sie noch einmal den gesamten Verlauf des Projekts an. Nun fragen Sie die Kinder, ob das Projekt so verlief, wie sie es sich vorgestellt hatten.
Stellen Sie fest, ob die Kinder nach dem Projekt eine Antwort auf ihre eigenen Fragen wissen. Dazu können Sie die Notizen benutzen, auf denen die gesammelten Fragen der Kinder stehen. Sie lesen den Kindern eine Frage vor. Mal sehen, ob jemand nun diese Frage beantworten kann.
Ermitteln Sie, wie die Kinder dieses Projekt im Nachhinein betrachten.
Sie erfahren von den Kindern, ob sie alles so verstanden haben, wie Sie es sich wünschten.

Das folgende Beispiel beruht auf wahrer Begebenheit und verdeutlicht was ich sagen möchte:

Es standen viele Fragen über das Leben der Hexen offen. Die Kinder redeten von Phantasiehexen mit Besen, Zaubertrank, Zauberstab oder Bibi aus einem Spielfilm. All diese Hexen kennen die Kinder vermutlich aus den Medien; Bilderbüchern, Geschichten, Märchen und Film. Weiterhin redeten Sie über eine angebliche „Schwarze Hexe", die sich in der Nähe des Kindergartens aufhalten soll.
Die Kinder sollten sich eine selbst erfundene Hexe ausdenken. Sie sollten überlegen, wie diese Hexe aussieht, was sie macht und mit wem sie erscheinen soll.

Reflexion: Am Ende dieses Projekts fragte ich die Kinder, ob sie vor ihrer Hexe wirklich Angst haben müssen. „Was fühlt ihr, wenn ihr an die Bunte Hexe und den Zauberer Schribbel- Schrabbel-Schnecke denkt?" Danach erklärte ich, dass auch Bibi Blocksberg und Hexen in Märchen frei erfundene Hexen sind. Als Beweis dafür zeigte ich den Kindern ein Foto von einem Autor. Staunen der Kinder.

Nun erklärte ich, dass auch die „schwarze Hexe" lediglich eine Phantasiehexe ist. Daraufhin brach eine große Diskussion aus. „Nein! - Die gibt es wirklich!" behaupteten zwei Kinder mit fest überzeugter Stimme. Letztlich einigten wir uns auf eine Meinungsverschiedenheit. Zwei Kinder denken, dass es diese „schwarze Hexe" tatsächlich gibt. Ich behauptete die „schwarze Hexe" ist eine Erfindung, genau wie die „bunte Hexe", die die Kinder während des Projekts selbst erfanden. Nur bei der „schwarzen Hexe" kann sich keiner mehr an den Erfinder erinnern.

So entstehen Legenden, Geschichten, Sagen und Märchen. Es können nicht alle Menschen dasselbe denken! Dafür sind wir Menschen viel zu einzigartig.

Reflexion des Projektbegleiters

Welche Worte Sie für diese Reflexion wählen bleibt selbstverständlich Ihnen überlassen. Wichtig dabei ist Ihre Echtheit.

Schätzen Sie sich selbst ein in den Bereichen:

War es zu lang oder zu kurz für die Kinder.
Waren die Kinder über- oder unterfordert?
Wie ging es den Kindern, die durch ihr Verhalten auffällig erschienen?

Haben Sie einen „Fehler" gemacht?

Aus Fehlern lernen

Wenn wir Menschen einen Fehler gemacht haben, löst diese Einsicht nicht selten ein unwohles Gefühl in uns aus. Schließlich wurden die meisten von uns über Jahre hinweg über Fehler beurteilt und eingeschätzt. Uns wurden Noten gegeben, „sehr gut, gut, befriedigend, ausreichend, mangelhaft und ungenügend".

Dabei sind es gerade die Fehler, über die wir hemmungslos reden sollten. Denn aus Fehlern lernen wir Menschen oft, worum es eigentlich geht.

Fehler sind: Anders denken als die Masse. Anders handeln als es vorgeschrieben wird. Anders sein als erwartet wird. Jeder etwas unnormale Mensch, im positiven Sinn, neigt demnach dazu Fehler zu machen. So bezeichne ich das folgende Beispiel als fehlerhaft.

Beispiel:

An einer Stelle während des Hexen-Projekts habe ich die Kinder nicht gefragt, sondern alleine entschieden. Ich bestimmte welche Kinder die Hauptrolle bei der Aufführung spielen sollten.

Das war nicht gut. Denn die Kinder fragten sich: „Warum darf ich nicht der Zauberer oder die Hexe sein?"

Mit allen guten Worten konnte ich keinem Kind gerecht antworten. Nichts überzeugte sie. Sogar eine Mutter meinte ihrem Kind gegenüber: „Vielleicht hast du nicht deutlich geredet."
Was würden die Kinder heute denken, wenn sie selbst über die Hauptrollen entschieden hätten?
So lernte ich durch die Kinder und sie lernten von mir. Ein Geben und ein Nehmen.

Schlusswort

Allen Lesern und Leserinnen, die es gewohnt sind sich zuerst das Ende eines Buches anzuschauen, bevor sie sich gezielt auswählen, was sie als nächstes lesen, ist dieser Abschnitt gewidmet.
Auch Sie möchte ich herzlich begrüßen. Ich hoffe, dass auch Sie als Querleser zufrieden sind und finden was Sie interessiert. Das Inhaltsverzeichnis ist sehr kurz gefasst. Für eine gezielte Suche können Sie auch das Stichwortverzeichnis nutzen. Wenn Sie wissen wollen ob Sie bereits solche Projekte angeboten haben, dann lesen Sie zuerst alle grau markierten Textstellen. Viel Spaß beim Weiterlesen wünscht Ihnen
A. Lex

Kopiervorlagen I. ORDNER

- **Lage und soziales Umfeld**
- **Expertenliste**
- **Zielorte außerhalb der Institution**
- **Elternfragebogen**

I.

DAS UMFELD

Lage und soziales Umfeld

Expertenliste

Zielorte außerhalb der Institution

Elternfragebogen / Expertensuche

PerLe

Kopiervorlagen I. ORDNER

Datum:

Lage und soziales Umfeld

Beschreiben Sie in welchem Bezirk die Kinder leben.

Lage der Institution

Soziales Umfeld

Expertenliste
Finden Sie Experten aus verschiedenen Themenbereichen.

Fachbereich	Kontakt	eingetragen:

Zielorte außerhalb der Institution

Schreiben Sie jeweils hinter den Zielort den Experten -beziehungsweise Ansprechpartner-, den Sie kontaktieren können.

Besonderheiten, denen die Kinder täglich begegnen	Kontakt

Zielorte außerhalb der Institution

Schreiben Sie jeweils hinter den Zielort den Experten -beziehungsweise Ansprechpartner-, den Sie kontaktieren können.

Geschäfte, in denen Sie gemeinsam mit den Kindern Besorgungen machen können	Kontakt

Zielorte außerhalb der Institution

Schreiben Sie jeweils hinter den Zielort den Experten -beziehungsweise Ansprechpartner-, den Sie kontaktieren können.

Ziele für Spaziergänge	Kontakt

Zielorte außerhalb der Institution

Schreiben Sie jeweils hinter den Zielort den Experten -beziehungsweise Ansprechpartner-, den Sie kontaktieren können.

Vereine in Ihrem Umfeld	Kontakt

Zielorte außerhalb der Institution

Schreiben Sie jeweils hinter den Zielort den Experten -beziehungsweise Ansprechpartner-, den Sie kontaktieren können.

Ausflugsziele in Ihrem Umfeld	Kontakt

Datum:
Elternfragebogen
Expertensuche

Liebe Eltern!

Wir bitten Sie hiermit um unverbindliche und freiwillige Angaben.
Für unsere Arbeit mit Ihren Kindern brauchen wir gelegentlich Experten.
Anhand eines Beispiels erläutern wir kurz unsere Absicht:

Angenommen die Kinder würden sich zurzeit sehr für das Thema „Körper" interessieren und wir wüssten, dass ein Vater/eine Mutter Physiotherapeut/in ist, dann könnten wir diese Person als Experten ansprechen. Oder eine Großmutter eines Kindes töpfert. Dann könnte diese Frau mit den Kindern etwas zum Thema passendes töpfern.
Wir werden alle Informationen sammeln, damit wir bei Bedarf darauf zurückgreifen können.

Wenn Sie weitere Fragen haben, wenden Sie sich bitte an:

_____

Erfahrungen / Kenntnisse

Name	
Hobbys (z.B. tanzen oder Kochen helfen)	
Erfahrung im Verein / in Vereinen	
Haben oder hatten Sie Haustiere? Wenn ja, welche?	
Länder-Erfahrungen (z.B. durch Reisen)	
Welche Ausflugsziele kennt Ihr Kind	

Besondere Stärken Ihres Kindes	
Auszeichnungen, Preise	

Informationen über Ihre Familie

Hobbys der Geschwister	
Hobbys der Mutter	
Hobbys des Vaters	
Hobbys der Großeltern	
Wo könnten die Kinder mit Ihnen oder einem Bekannten einmal hinter die Kulissen schauen?	
Ansprechpartner/in Name und Telefonnummer	
Vielen Dank für Ihre Hilfe!	

Kopiervorlagen II. ORDNER

- Elterngespräche
- Fragebogen für Kinder
- Fragebogen für Begleiter
- Soziogramm
- Situationsanalyse Soziogramm
- Rahmenbedingungen

**II.
DAS POTENZIAL
DER GRUPPE**

Elterngespräche

Fragebogen für die Kinder

Fragebogen für Begleiter

Tabelle Bezugspersonen

Soziogramm

Situationsanalyse
Soziogramm

Rahmenbedingungen

PerLe

Name des Kindes:

Datum:

Gesprächsteilnehmer:

Elterngespräche Blatt 1
Tragen Sie Hinweise über die aktuellen Lebenssituationen der Kinder ein.

Lieblingsbeschäftigung Allgemeine Beschäftigungen	
Welche Stärken hat ihr Kind?	
Interessiert sich zurzeit für:	
Sicht des Kindes und der Eltern über den Kindergarten	
Kontakt zu Freunden aus dem Kindergarten	

Name des Kindes:

Datum:

Gesprächsteilnehmer:

Elterngespräche Blatt 2
Tragen Sie Hinweise über die aktuellen Lebenssituationen der Kinder ein.

Typbeschreibung (Was macht Ihr Kind einzigartig, hat es Eigenarten?)	
Gibt es Gefühle, die derzeit extrem auffallen? (z.B. Angst, sich groß fühlen, Freude...)	
Problemstellungen (z.B. Momente für die Eltern zum verzweifeln)	
Mögliche Problemlösungen	

II. ORDNER

Fragebogen für Kinder

Datum:

Erkundigen Sie sich bei den einzelnen Kindern, um sie näher kennen zu lernen.

Reden Sie einzeln mit dem jeweiligen Kind. Welche Interessen, Stärken und Hobbys hat dieses Kind? Wie weit ist es sozial integriert in Ihrem Kindergarten? Was macht es in seiner Freizeit?

Vor- und Zuname	
Hobbys	
Vereine	
Freunde im Kindergarten	
Bezugspersonen im Kindergarten	
Lieblingsbeschäftigung bim Kindergarten und zu Hause	
Besondere Fähigkeiten	

Fragebogen für Begleiter

Datum:

Wer sind Sie als Begleiter der Kinder?

Hören Sie in sich hinein. Welche Interessen, Stärken und Hobbys haben Sie? Welche Rolle spielen Sie im Team und bei den Kindern?

Vor- und Zuname	
Hobbys	
Bezugspersonen für die Kinder	
Lieblingsbeschäftigung im Kindergarten	
Besondere Fähigkeiten	
Vereine	

Tabelle Bezugspersonen	Datum:
Name des Kindes:	
mag	
wird gemocht von	
Bezugsperson des Kindes im Kindergarten	
Bezugsperson der Eltern	

II. ORDNER

Tabelle Bezugspersonen	Datum:
Name des Kindes:	
mag	
wird gemocht von	
Bezugsperson des Kindes im Kindergarten	
Bezugsperson der Eltern	

Tabelle Bezugspersonen	Datum:
Name des Kindes:	
mag	
wird gemocht von	
Bezugsperson des Kindes im Kindergarten	
Bezugsperson der Eltern	

Situationsanalyse Soziogramm

Datum:

Name	Beschreibung der Situation	Eventuelle Themen

Situationsanalyse Soziogramm

Rahmenbedingungen			
Ist Zustand Damit bin ich unzufrieden:	Wie soll es sein? Meine Idealvorstellung:	Warum ist es nicht so wie ich es will? Alle Bedingungen, die meine Arbeit beeinflussen:	Was kann ich tun um zu erreichen was ich will? Lösungsmöglichkeiten:

II. ORDNER

Kopiervorlage III. ORDNER

- **Tür- und Angelgespräche**

III.
AKTUELLE INTERESSEN, WÜNSCHE UND BEDÜRFNISSE

Tür- und Angelgespräche

PerLe

Kopiervorlage III. ORDNER

Tür- und Angelgespräche

Tragen Sie Hinweise über die aktuellen Lebenssituationen der Kinder ein.

Name	Gesprächspartner	Aktuelle Information	Datum Wer hat eingetragen?

Kopiervorlagen IV. ORDNER

- 1. Übungsbogen „Offene Fragen"
- Spiel- und Konfliktsituationen während des Freispiels

IV. BEOBACHTUNGEN WÄHREND DEM FREISPIEL

1. Übungsbogen „Offene Fragen"

Spiel-und Konfliktsituationen während des Freispiels

PerLe

Beobachten Sie Spiel- und Konfliktsituationen während des Freispiels

Sammeln Sie Ihre Beobachtungen stichpunktartig, um sie nach ein paar Wochen zu reflektieren. Wenn mehrere Personen denselben Beobachtungsbogen verwenden, können Sie jeweils Ihr Monogramm in das rechte kleine Kästchen eintragen.

IV. ORDNER

Welche Kinder	Beschreibung der Situation
	
	• Was spielen / machen die Kinder?
	• Unterhalten sich diese Kinder? Worüber?
	• Gab es einen Konflikt?
	  Wie ist der Konflikt entstanden?
	  Wie wurde der Konflikt gelöst?
		Thema
		Monogramm
		Datum

Beobachten Sie Spiel- und Konfliktsituationen während des Freispiels		
Welche Kinder	**Beschreibung der Situation**	**Thema Monogramm Datum**

Datum:

1. Übungsbogen „Offene Fragen"

Versuchen Sie die folgenden Fragen in Offene Fragen umzuformulieren!

Dies sind keine Offenen Fragen	Antwortmöglichkeiten	Offene Frage	Antwortmöglichkeiten
Habt ihr euch als Prinzessinnen verkleidet?			
Ihr habt eine tolle Burg! Und die Püppchen, sind eure Ritter?			
Spielt Tim auch mit?			
Wollt ihr euch ein Haus bauen, und das funktioniert nicht?			

Kopiervorlagen V. ORDNER

- Situationsanalyse für PerLe-Projekte
- Grobziele
- Anwesenheitslisten
- 2. Übungsbogen „Offene Fragen"
- Erfahrungen, Fragen, Wünsche und Ideen der Kinder
- Welche Grob- und Feinziele verbergen sich hinter den Fragen der Kinder?
- Aktivitäten
- Elterninformation

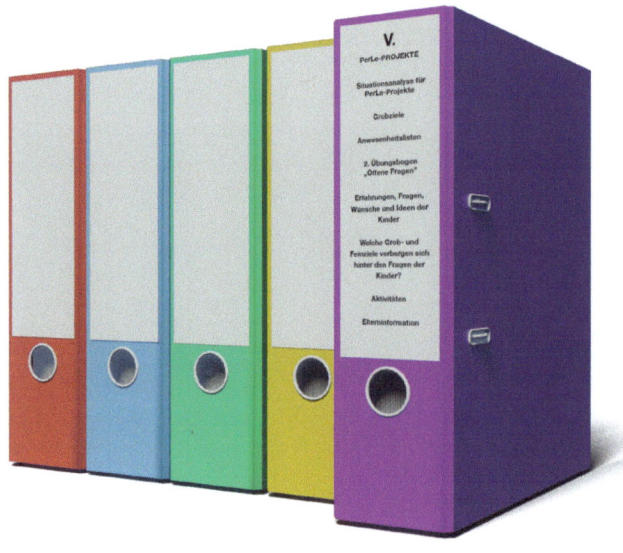

V. PerLe-PROJEKTE

Situationsanalyse für PerLe-Projekte

Grobziele

Anwesenheitslisten

2. Übungsbogen „Offene Fragen"

Erfahrungen, Fragen, Wünsche und Ideen der Kinder

Welche Grob- und Feinziele verbergen sich hinter den Fragen der Kinder?

Aktivitäten

Elterninformation

PerLe

Datum:

Situationsanalyse für PerLe-Projekte Blatt 1

Reflektieren Sie Ihre gesammelten Beobachtungen und Informationen der vergangenen zwei bis drei Wochen.

Sind Spiel- und/oder Konfliktsituationen immer wieder aufgetaucht?	Thema

Datum:

Situationsanalyse für PerLe-Projekte Blatt 2

Gab es Zwischenfälle, die die Kinder / ein einzelnes Kind in Aufregungen versetzten?	Thema
Welche Situationen, haben sich in Ihrem Kindergarten verändert oder werden sich verändern? Beispielsweise: Personal, Raum, Kinderzahlen	Thema

Projektthema:

Datum:

Grobziele des Projekts

Projektleiter/in:

Projektthema:

Anwesenheitsliste

Projektbegleiter:

Teilnehmer	Datum:	Datum:	Datum:	Datum:	Datum:	Datum:	Datum:	Datum:	Datum:	Datum:	Datum:	Datum:	Datum:

Projektthema:

2. Übungsbogen „Offene Fragen"

Das Thema *Pferde* beschäftigt die Kinder seit mehreren Wochen.
Versuchen Sie Offene Fragen zu diesem Thema zu formulieren!

Dies sind keine Offenen Fragen	Antwort-möglichkeiten	Offene Frage	Antwort-möglichkeiten
Wollt ihr wissen, was die Pferde fressen?			
Ich weiß wo eine Pferdeweide ist, sollen wir dort hingehen?			
Könnt ihr ein Pferd basteln?			
Pferde gab es auch bei den Indianern, wisst ihr das?			
Sollen wir ein Bilderbuch vom Pferd anschauen?			
Könnt ihr springen, wie ein Ponnypferdchen?			
Wollt ihr mal mit einer Pferdekutsche fahren?			
Hat es euch Spaß gemacht?			
Bist du glücklich?			

Projektthema:

Erfahrungen, Fragen, Wünsche und Ideen der Kinder

Stellen Sie den Kindern ausschließlich „Offene Fragen". Diese beginnen immer mit einem „W": Wie, Wer, Was, Wo, Womit, Wohin, Weshalb, Wieso, Warum. Sie können nicht mit „Ja" oder „Nein" beantwortet werden. Beispiel: Was wollt ihr wissen? Was brauchen wir, um das herauszufinden? Was könnt ihr mir erzählen über dieses Thema?

Datum:

Projektleiter/in:

Teilnehmer	Fragen, Erfahrungen, Wünsche, Interessen

Projektthema:

Erfahrungen, Fragen, Wünsche und Ideen der Kinder

Seite:

Teilnehmer	Fragen, Erfahrungen, Wünsche, Interessen

Projektthema:

Projektthema:

Welche Grob- und Feinziele verbergen sich hinter den Fragen der Kinder

Datum: Projektbegleiter/in:

Welche Erfahrungen haben die Kinder bereits in Bezug auf dieses Thema?

Was möchten die Kinder wissen?

Haben die Kinder Wünsche geäußert, was sie gerne in Bezug auf dieses Thema tun würden? Fassen Sie diese zusammen.

Projektthema: Seite 2

Welche Grob- und Feinziele verbergen sich hinter den Fragen der Kinder

Gibt es Fachleute, die diese Fragen besser beantworten könnten, als Sie selbst?

Können Sie diese Experten kontaktieren? Siehe Expertenliste ORDNER I

Wie können Sie die Ziele der Kinder mit Ihren Zielen verbinden?

Projektthema:

V. ORDNER

Projektthema: Seite:

Aktivität:

Datum:

Projektleiter/in:

Ist-Situation (formulieren Sie die aktuelle Situation)

Grob- und Feinziele dieser Aktivität

Methode der Durchführung

Projektthema: Seite:

Aktivität:

Datum:

Projektleiter/in:

Reflexion der Aktivität mit den Kindern

Reflexion der Aktivität

Projektthema:

Elterninformation
Datum:

Dieses Thema beschäftigt die Kinder seit längerer Zeit	**Diese Kinder nehmen am Projekt teil**	**Ihr/e Ansprechpartner während des Projektes**

V. ORDNER

Index

A
abwechslungsreich 106
Aktivität 118, 120
Aktivitäten 82
Alleskönnerin 43
analysieren 41
Ansprechpartner 131, 182
Antwortmöglichkeiten 63, 101, 169, 175
Anwesenheitsliste 90
argumentieren 78
Astronaut 70
Aufführung 139
Ausdrucksweise 106
Ausflüge 25
Ausflugsziele 26
Aushang 131
ausprobieren 78
ausreichend 143
Auto 106

B
Bagger 103
Baustelle 71
Bedeutung 106
Beenden 141
befriedigend 143
begleiten 75
Begleiter 41
Beiträge 110
Beobachtungen 71, 171
Besondere Fähigkeiten 39, 42, 159, 160
Besuche 25
Bezirk 22
Bezugsperson 42, 43, 48
Bezugspersonen 39, 41, 159
Bilder 87
Bühnenbild 90

C
Carpe diem 77

D
dekorieren 91
Demotivation 142
Direkte Hilfe 37
Dokumentationen 132, 133
Dokumentationsmappe 136
Dokumentieren 135
Dreijährige 82

E
Echtheit 103, 143
Ecke 88
Eigenarten 158
Einfühlungsvermögen 75
Einzelgespräche 38
Eltern 130, 137
Elternabend 131
Elternbrief 131
Elterngespräch 132
Elterngespräche 33, 34, 157, 158
Elterngesprächen 32
Elterngespräche vergleichen 37
Elterninformationsbereich 131
Ende 142
Endergebnis 110
Entdeckungsreise 54, 75
Entwicklung 82
Entwicklungs- bzw. Wissensstand 133
Entwicklungsstand 83
Erfahrungen 108, 176, 177
Erfindung 143
Erinnerungsstütze 60
Erinnerungsvermögen 104
Erziehungsziele 32
Ewigkeit 76
Exkursionen 25
experimentieren 78
Experten 24, 112
Expertenliste 112

F
Fachleute 112
Fähigkeiten 41, 43
Fehler 143
fehlerhaft 143
Fehlern 89
Feinziele 111

Fernsehen 71
Feuerwehr 94
Film 132
formulieren 103
Fotos 136
Fragebogen 41
Fragebogens 38
Fragen 108, 139, 176, 177
Freispielzeit 77
frei-willig 131
freiwillig 85, 90, 131
freiwilligen 83
Freizeitgestaltung 25
Freunde 39, 159
Freunden 33, 157
frühzeitig 89
fühlt 143
Fundament 111

G
Ganzheitliche Förderung 55
Gefühle 34, 36, 158
Gehirn 105
Gemeinsame Erziehungsziele 37
Gemeinschaftsbild 128
Geschäfte 26
Geschichten 143
Geschwister 29, 155
Gespräche 32
Gesprächspartner 60, 165
Gesprächssituationen 106
gleichwertig 106
Grob - und Feinziele 111
Grob- und Feinziele 118
Grobziele 79
Großeltern 29, 155
Großversammlung 85
Grübeln 104
Gruppenteilung 139
gut 143

H
Handzeichen 86, 110
Hexe 80

Hexen 108
Hilfestellung 88
Hilfestellungen 104
Hilfe von Spezialisten 37
Hilfe zur Selbsthilfe 37
Hinhören 106, 107
Hinterfragen 88
Hintergrund 106
Hobbys 28, 39, 40, 42, 43, 154, 159, 160

I
Ideen 106, 108, 176, 177
Individuum 55
informieren 78
Inhaltsverzeichnis 145
Integration 48
Interesse 89
Interessen 35, 77
interessenlose 90
interessiert 33, 157
Interessierte 90
Ist-Situation 116, 118

J
Jahr 76
jährlich 72, 83

K
Kalender 137
keine Ahnung 75
Kinderideen 103
Kindersätze 107
Kinderzahlen 71
Klebeband 128
Kleingruppen 139
Knobeln 104
Kommunikation 55
Konfliktsituationen 71, 171
Kontakt 33, 35, 157
kontinuierlich 135
Körper 85
Krankheitsfall 48
Kulissen 29, 155

L

Lage 22
lebendig 106
Lebenssituation 60
Legenden 143
Lieblingsbeschäftigung 33, 35, 39, 42, 43, 157, 159, 160

M

Mama-willig 131
mangelhaft 143
Männer 53
Mappe 32
Märchen 143
Material 132
Matschbilder 83
Meer 53
Melden 86
Merkzettel 104
Methode 120
Minute 76
Mitlaufen 89
Motivation 54, 93
Motivation des Kindes 54
Mut 107
Mutter 29, 155

N

Nachdenken 104, 105
Nachdruck 89
nachvollziehen 135
nachzudenken 89
Neue Ist-Situation 122
Neugierde 54
neugierig 54, 103
Noten 143
Notizen 142

O

offene Fragen 63, 82, 169
offenen Fragen 63
optisch 139
Osterhasen 113

P

Papa-willig 131

Papiertaschentuch 104
PerLe-Projekt 54, 93
Person 106
Personal 71
Pfeil 137
Pferde 100
Phantasie 104
Phantasiegestalt 80
phantasieren 78
Plakate 77
Planung 75
Polizei 77
Projekte 75
Projektgruppe 82
Projektverlauf 135
Protokoll 107

Q

Querleser 145

R

Rangordnung 38
Raum 71
Raumgestaltung 139
reflektieren 142
Reflektieren 71, 142, 171
Reflexion 75, 120, 129
Rückschlüsse 135
Ruhe 78, 89

S

Sagen 143
Schmetterling 73
Schritt für Schritt 104
schweigend 105
Schweigesekunden 105
sehr gut 143
Selbstbewusstsein 55
selbstständig 135
Sicht 33, 157
Situationsanalyse 43
Situationsanalysen 40
Situationsorientierte Arbeit 54
Situatives Thema 73
soziales Umfeld 22
Sozialverhalten 55

Soziogramm 38, 41
spannend 106
Spaß 54, 83
Spaziergänge 25
Spinnen 104
Spontanität 75
Sprache 82
Stärken 32, 33, 35, 90, 157
Steine 86
Stichwortverzeichnis 145

T
Tag 76
Teambesprechung 43
Teilnehmerkriterien 82
Teilnehmerliste 85
Teilzeitkraft 137
Teilzeitkräften 60
Teufelskostüm 132
Theateraufführung 142
Thema 75
Thema aufgreifen 37
Themen 70
Träger 72, 83
Tuch 86
Typbeschreibung 158
typisch 32, 36

U
Überblick 137
Übungsbogen 63
umzuformulieren 107
unentschlossene Kinder 88
Unentschlossenheit 88
ungenügend 143
unterfordert 143
Untergruppen 75, 139
Unterthemen 139

V
Vater 29, 155
Verein/e 28, 154
Vereine 26, 39, 40, 42, 43, 159
Vergleich 90
Verkehrserziehung 72, 83
verlassen 89
Verwirrte Eltern 132
verzweifeln 34, 158

W
Wand 136
Wanderungen 25
Weg 54
Weihnachten 91
Werkzeuge 53
wertfrei 106
Wissensstand 54, 75, 118
Wochenübersicht 137
wörtlich 106
Wortschatz 105
Wünsche 108, 112, 176, 177

Z
Zauberer 108
Zeichnungen 136
Zeit 75, 76, 105
Zeitliche Begrenzung 78
Zeit planen 77
Ziel 54
Ziele 112
Zirkusvorstellung 142
Zusammenhang 116
Zwischenfälle 71
Zwischenrufe 106

Ich bedanke mich bei allen Personen, die sich bereits vor der Veröffentlichung mit diesem Buch befassten. Danke an Herrn Büchler und seine Mitarbeiter vom Brigg Pädagogik Verlag, an Ingo Lex, Pedro Kraft, Richard Grohganz, Frau Ricker, Frau Schuffenhauer, Torsten Lex, Laeticia Lex und an Frank Biet.

Titelbild © Dron - Fotolia.com

www.ingramcontent.com/pod-product-compliance
Lightning Source LLC
Chambersburg PA
CBHW042039240426
43667CB00040B/19